汉语国际推广多语种大连基地规划项目
编委会成员名单

国家汉办汉语国际推广基地规划项目

GO FOR CHINESE
Elementary Level

4

目标汉语 基础篇

刘川平 主编　　杨 洁 郑桂芬 编著

北京大学出版社
PEKING UNIVERSITY PRESS

图书在版编目(CIP)数据

目标汉语. 基础篇. 4 / 刘川平主编. –北京：北京大学出版社, 2010.6
ISBN 978-7-301-17322-0

Ⅰ. 目…　Ⅱ. 刘…　Ⅲ. 汉语–对外汉语教学–教材　Ⅳ. H195.4

中国版本图书馆 CIP 数据核字（2010）第 102485 号

书　　　名：目标汉语　基础篇 4

著作责任者：刘川平　主编　　杨　洁　郑桂芬　编著
责 任 编 辑：孙　娴（suzannex@126.com）
标 准 书 号：ISBN 978-7-301-17322-0/H·2518
出 版 发 行：北京大学出版社
地　　　址：北京市海淀区成府路 205 号　100871
网　　　址：http://www.pup.cn
电　　　话：邮购部 62752015　发行部 62750672　编辑部 62754144
　　　　　　出版部 62754962
印　刷　者：北京鑫海金澳胶印有限公司
经　销　者：新华书店
　　　　　　787 毫米×1092 毫米　16 开本　13 印张　213 千字
　　　　　　2010 年 6 月第 1 版　2016 年 1 月第 2 次印刷
印　　　数：3001－4500 册
定　　　价：52.00 元（含 MP3 盘 1 张）

前言

这是一套供零起点和学过一些汉语的外国学生使用的基础阶段综合课教材，既适合长期进修相对强化教学模式的要求，也可用于一般长期进修教学、短期培训教学和自学。本书的编写原则是：以话题为引导，词汇为重点，语法为骨架，功能为辅助，文化为蕴含，练习为主体，迅速提高交际能力为终极目标。

一、主要特点

1. 可靠的科学性。本书适用的基础阶段，包括一般所说的初级阶段和中级阶段的上半期。语法项目主要依据《高等学校外国留学生汉语教学大纲——长期进修》(下称《教学大纲》)，涵盖初级主要语法项目和部分中级语法项目，作为教材的结构框架。词汇主要依据《汉语水平词汇与汉字等级大纲》，包括甲、乙级词的绝大部分，丙级词的一部分以及少量丁级词，同时吸纳了一批反映社会和语言发展，使用频率较高的新词语。此外，从《教学大纲》的功能项目中选取了与基础阶段相适应的内容。

2. 相对的强化性。长期进修是一种“准常规语言教学”，它既追求语言知识的相对系统性，又兼顾语言技能的全面性和熟练程度。为此，本书努力体现该教学“输入大于输出”和大运动量的相对强化教学的特点。一是确保足够的输入量，表现在课文形式和字数，词汇、功能项目、句式及文化因素的数量等各个方面；二是确保足够的训练强度，表现在课文，特别是练习中的教学手段多样化、交际化和有效练习的大密度编排。

3. 编排的层级性。本书由低到高分为八个层级，各层级间既相互区别又紧密关联。形式上由简单到复杂：课文由简短对话到长句，再到短文；课文长度由 100 字增至 700 字以上；词汇量由第一层级的 345 词增至第八层级的 653 词。内容上循序渐进：前四个层级以校园学习和生活为主，后四个层级逐渐过渡到以社会生活为主；相关话题的表达和词语难度在不同层级也呈循环叠加、螺旋上升式分布。

4. 充分的交际性。作为教学的基本依据，助推课堂教学过程交际化是本书的着力点之一。表现在：话题选择尽量做到贴近现实生活和学习者的关注点；对话贯穿课文始终；每课提出若干具有交际性的常用句型；练习中既有功能和多技能训练的内容，也有各种限定范围和模拟情境的操练，尤其是专门安排了交际任务，以利“用中学”和交际能力的培养。

5. 全面的实用性。实用性是本书的根本出发点和落脚点。对学习者，通过有限的学习时间能够掌握基础阶段和部分中级阶段的语言要素、功能项目和语用条件，满足他们尽快提高交际能力的迫切愿望；对教师，本书多视角的话题、丰富的内容、简洁的语法说明、多样而大量的练习项目，都为教学准备和课堂组织提供了便利。此外，多层级设计增强了适应性，不同汉语基础和学习时间的使用者可以各取所需。

二、结构设计

1. 全书按八个层级分为 8 册，每册 10 课，共 80 课。此外，基于对零起点学生集中进行语音训练的必要性，第一册专门设有“汉语拼音基础”课程。

2. 每课包括课文、常用句、生词语、语言点（含基本句和重要词语用法）注释、操练与交际等。每册安排一套全覆盖的自测题。

3. “操练与交际”在全书所占比重最大。包括语言要素、语言技能、交际功能三大类练习。具体项目各册既有共性，又具个性特点。各册共有的如：

(1) 语言要素练习：语音部分的辨音辨调、熟读短语、朗读句子。词语部分的生词填空、组成短语、连线、选词填空等。句法部分的模仿性句型操练，如重复、替换；理解性的完成句子、连词成句、改写句子、改错等。

(2) 技能训练：完成对话、回答问题、模仿、阅读、写作等。

(3) 交际功能：功能对话、自由表达、完成交际任务（包括“准任务”和“真任务”）。

此外，根据学习进度，各册分别安排了若干不同的练习，共计 30 余种。

4. 每册起首列出该册课文的主要人物，大多数人物贯穿 8 册始终。每册末尾附有生词及专名索引。

5. 第 1、2 册课文配有汉语拼音对照。第 1 册标注于汉字下，第 2 册列于课文后。

6. 翻译：为便于学习，正文的“汉语拼音基础”、语言点、生词，以及前四册练习项目均配有英文翻译；此外，生词总表配有日、韩、俄文对译。

三、教学目标

本书名为《目标汉语》，意在提示使用者：只有始终明确自己的目标并为之而努力，才能取得成功。

1. 总体目标。通过本书的教学，使学习者学习 4000 余个词语、《教学大纲》初级和部分中级语法项目、相应的功能项目和文化知识，完成若干交际任务。听、说、读、写技能全面达到《教学大纲》中等阶段前半段的目标要求，综合运用汉语的能力得到迅速提升。

2. 层级目标。每册具体教学目标如下表：

项目 册	生词语	语言点	功能点	交际任务
1	345	41	21	15
2	384	39	11	13
3	447	41	23	16
4	471	31	29	12
5	530	53	17	11
6	538	38	22	10
7	642	58	23	12
8	653	49	41	11

四、使用建议

1. 教学进度。本书作为综合课教材，用于长期进修相对强化教学模式的教学时间为 1 学年，每学期学习 4 册。为确保教学效率，建议第一学期教学时间每周 16 课时，第二学期每周不少于 14 课时。其余课时可配以相应的听力、口语教学。

用于一般的长期进修教学，教学时间可适当延长（例如3个学期）；用于短期培训和自学，宜根据不同需要选择教材的一部或全部，教学时间亦可灵活安排。

2. 生词和语言点。本书生词分布在课文和练习（主要是阅读练习）中，其词义、词性基本上按照课中的语境确定；语言点及其注释一般也与当课的用法相一致。多词性、词义的生词和多用法的语言点，其未出部分一般留待后面出现时再列。这就要求词汇和语言点的教学分步、循序进行，而不宜毕其功于一课。

3. 功能与交际。常用句和功能会话提供了功能与结构相结合的素材，教学中应当予以重视。完成交际任务是本书的一个特点，在试用过程中，很受学生欢迎。需要注意的是，为适应任务教学法，教师的指导作用应主要体现在布置任务、提示方法和完成任务之后的检查、总结之中。

4. 教材的处理。本书旨在为教学提供一个结构特点鲜明、内容丰富多样、便于操作的平台，但不提倡刚性照搬，相反，允许针对不同教学模式和教学对象对其加以调整或补充。

五、几点说明

1. 本书是基于我们多年开展长期进修相对强化教学的探索和体验，吸取前贤的丰厚成果，积5年努力和集体智慧编写完成的。本书也是国家汉办科研规划项目和汉语国际推广多语种大连基地教材规划项目的成果之一。

2. 本书编写分工：

主编：刘川平，主持长期进修相对强化教学的理论研究与教学实践；在此基础上提出教材总体构思并制定编写大纲；组织教材的编写、试用并统改全部书稿。

编者：第1册：王松岩、刘川平。
第2册：王松岩。
第3册：郑桂芬、杨洁。
第4册：杨洁、郑桂芬。
第5、6册：王端。
第7、8册：陈子骄。

英文翻译：隋荣谊。

其他翻译：郝卓(日文)、胡倩(韩文)、赵辉(俄文)。

3. 在本书编写、试用和出版过程中，得到专家、同行的指导和北京大学出版社的鼎力支持。资料信息选自方方面面，虽尽最大努力与原作者取得联系，限于各种原因仍有部分未能如愿。在此对以上各方一并谨致谢忱！

一部教材是否合用，有赖于实践检验。热诚期待来自使用者和业内人士的批评和意见。

主　编：刘川平

PREFACE

This book series is a foundational comprehensive Chinese textbook for international students, beginners or those who have learned some Chinese. It is fit not only for the requirements of the long-term refresher study or the teaching mode of relative reinforcement training, but also for the general long-term refresher teaching program, short-term training program and self-study. The principle of compiling this book series is to improve the learners' communicative ability rapidly as the final target. Therefore, we apply the following means when compiling the book: Taking topics as guidance; vocabulary as focal point; grammar as the frame, function as supplementation; culture as inside information; practice as principal part.

1. Major Features

1.1 Reliable scientific approach. This basic Chinese textbook includes the elementary and the first half of intermediate level. Based on *Syllabus for Chinese Courses for International Students at Chinese Colleges and Universities —Long-term Refresher Course* (hereafter referred to as *Syllabus*), this book series mainly covers grammar items of the elementary and part of the intermediate levels with which we frame this book. Based on *Chinese Language Proficiency Standard and the Character Entries and Graded Character List*, the book series covers most vocabularies of Level A and B, and part of Level C, as well as a small amount of Level D. We also collect a number of highly used new words which reflect social and language development. In addition, we also select functional items suitable for the elementary level from *Syllabus*.

1.2 Relative intensiveness. Long-term refresher course is a "quasi-conventional language teaching", which pursues both the relative systemic language knowledge and comprehensive skills and proficiency in using language. Therefore, the methodical approach we adhere is "larger input than output," and the characteristic of this book serise is large amount of exercise of relatively intensive teaching. First, to ensure adequate input, this is displayed in the form of texts and the amount of words, the vocabulary, the functional items, sentence structure and cultural factors, and the like in other aspects. Secondly, to ensure adequate intensive training, this is displayed in the texts, and in the exercises in particular, in which we apply diverse means of teaching, and effective communication and a large amount of exercises.

1.3 The hierarchy of compiling this book series. The book series is divided into eight levels from low to high. They are different from each other but closely related. As to the form, we adhere to the principle of from simple to complex: the texts are composed of brief conversations, long sentences and then short passages; the length of the text from 100 words to 700 words or more; vocabulary from the first level of 345 words to the eighth level of 653. The degrees of difficulty of the content develop gradually: the former four levels are based on life and study on campus, and the latter four levels develop gradually to social life mainly; the degrees of difficulty of the related topics, and words and the expressions develop in a cycle, recurring and spiral distribution.

1.4 Fully communicative. As the fundamental basis for teaching, boosting communicative process in class is one of the focuses of this book series, which displays as follows: topics selected are close to day-to-day life and to the learners' interest as much as possible; dialogues run through texts; in each lesson we have a number of common communicative patterns; in exercises, we arrange both functional and multi-skills training, and the practice with limited scope and under simulated conditions, especially special communication tasks in order to help develop interpersonal ability and be benefit from "learning from practice".

1.5 Comprehensive practicality. Practicability is the fundamental starting point and end point of this book series. Within limited learning time, the learners have to master those language elements at the basic stage and some at the intermediate stage: functional items and pragmatic conditions as soon as possible to meet their urgent desire for communicative competence; wide range of topics, content rich in meaning, simple explanations to the grammatical structures, varied exercises facilitate teachers in preparing their lesson and teaching in classroom. In addition, the multi-level design enhanced the applicability, and the users at different level and for a long or short time spent may learn what they want.

2. Structural Design

2.1 The book series is divided into eight volumes according to eight levels. In each volume there are 10 lessons, and 80 lessons altogether in the book. Besides, based on the need for focusing pronunciation training to the beginners, we arrange Basic Chinese *Pinyin* in Volume One as an independent section.

2.2 Each lesson consists of text, sentences in common use, new words and expressions, notes to the language points (including basic sentence patterns and usage of important words and phrases), exercise and communication. And there is an Evaluation Paper, which covers what have been learned in each volume.

2.3 "Practice and Communication" occupy the largest proportion of the book series. They include three aspects: language elements, language skills, and communication. There exist common features and specific characteristics among each volume of the book, such as:

A. Language elements practice: in the section of pronunciation, distinguish the sounds, read aloud the phrases, and read aloud the sentences; in the section of words and expressions, fill in the blanks with new words; make up phrases, linking, choosing the words to fill in the blanks; in syntax structure, imitation practice like repetition and substitution; in understanding, complete sentences, make sentences by linking the words or phrases, rewrite sentences, and correct mistakes and etc..

B. Skills training: complete dialogues, answer questions, imitate, reading, and writing and etc.

C. Communication: functional communications; free talk, fulfill tasks (including the "quasi-tasks" and "real tasks").

In addition, according to the learning schedule, we also compile more than 30 exercises of different kind distributed in each volume.

2.4 The main characters appeared in the texts are listed at the front of each of volume. Most of them run through the book from Volume One to Volume Eight. Vocabulary (Index of New Words and Proper Nouns) is attached to the end of each volume.

2.5 In Volume One and Two, the texts are dubbed with Chinese *Pinyin*, Volume One under each character, and Volume Two at the end of each text.

2.6 Translation: for the convenience of study, the part of Basic Chinese *Pinyin*, language points, notes, new words and the exercises in the former four volumes are matched with English. Besides, the vocabulary at the back is matched with Japanese, Korean and Russian.

3. Teaching Objectives

The name of this book series is Go For Chinese, which means learners must keep it in mind that only by knowing what objective you want to gain throughout and working hard at it, can you successfully obtain it.

3.1 The global objective. Teaching by way of using this textbook series, learners will learn 4000 new words and expressions, grammar items of elementary and part of intermediate level in *Syllabus*, related functional items and cultural knowledge, and can fulfill some communicative tasks. Learners are expected to achieve the first half goal of intermediate level in the skills of listening, speaking, reading, and writing required in *Syllabus*. The comprehensive ability of using the language will be elevated promptly and greatly.

3.2 Objectives at each level. The objectives of each volume are as follows in the Chart:

Items / Volume	New Words and Expressions	Language Points	Functional Items	Communicative Tasks
1	345	41	21	15
2	384	39	11	13
3	447	41	23	16
4	471	31	29	12
5	530	53	17	11
6	538	38	22	10
7	642	58	23	12
8	653	49	41	11

4. Tips for User

4.1 The schedule of teaching. As a comprehensive textbook, we suggest that this book series be used for a whole academic year for the long-term refresher study or the teaching mode of relative reinforcement training, each academic term 4 volumes. In order to ensure the efficiency of teaching, 16 hours of teaching per week is proposed for the first term, and no less than 14 hours per week for the second term. Teaching of listening and speaking covers the rest of the academic teaching hours.

For the general long-term refresher teaching program, the time of teaching can be prolonged (three terms for example); for short-term training program and self-study, the whole or part of the textbook can be selected accordingly, and the time of teaching can be flexibly arranged.

4.2 New words and language points. The new words are arranged in the texts and exercises (mainly in reading comprehension). The meaning and the parts of speech of the new words are basically in accordance with the context of situation in the text; the explanations to the language points and notes to the text are based on the usages in the text. As to the other usages or meanings of the new words will be explained when they are used in that context of situation. Thus it requires new words and language points be listed and illustrated step-by-step in a progressive way, and should not be complete at one time.

4.3 Function and communication. Useful sentences and functional communication provide us comprehensive teaching materials with function and structure combined and should be focused on in teaching. Communication task is a feature of the book, which, in the trial process, has been popularly complimented by the students. It should be noted that in order to meet task-based teaching methods, the guiding role of teachers' should be laying out tasks, prompt them, check after the completion of the task and summarize how well they have done.

4.4 How to use the textbook. The book series aims to provide a platform for teaching with features of clear structures, rich and varied content, and easy to operate. We strongly oppose the way of rigid copy. We advocate the revision, adjustment or supplement be made to it according to different teaching modes and different levels of students.

5. Some Explanatory Notes

5.1 Based on our years of probing into the long-term refresher study and relatively intensive teaching experience, we have assimilate the rich achievements of those profound scholars and compiled this book with five years of hard working and boiled wisdom of all faculties. This is also an outcome of the scientific research project of the OCLCI, and one of the projects of the Teaching Material Planning of the Dalian Multi-lingual Base of Chinese Language Council International.

5.2 The division of compiling this book series:

Compiler-in-Chief: Chuanping Liu, is in charge of probing into the long-term refresher study and relatively intensive teaching both theoretically and practically, based on which he put forward the overall idea and listed an outline for compiling the book; and in charge of compiling, trial and correcting and improving all manuscripts.

Compilers: Volume I: Songyan Wang; Chuanping Liu

Volume II: Songyan Wang

Volume III: Guifen Zheng; Jie Yang

Volume IV: Jie Yang; Guifen Zheng

Volume V and VI: Duan Wang

Volume VII and VIII: Zijiao Chen

English Translator: Rongyi Sui

Other Translator: Zhuo Hao (Japanese); Qian Hu (Korean); Hui Zhao (Russian)

5.3 We hereby would like to express our sincere thanks to those experts and peers who have given us suggestions while compiling, trying and publishing the book, to Peking University Press who has given us great support in publishing this book, and also to those whose materials or data we have consulted or selected. Though we have tried our best to get in touch with all the original authors, limited to a varied of reasons, some we failed to.

If a textbook is applicable, it has to be tested through practice. We earnestly invite the users of this book series and those who are specialized in this field to put forward their criticism and suggestions.

Chief Compiler: Chuanping Liu

本册主要人物
Main Characters in the Texts of This Book

爱　米　女，20 岁，美国留学生，来自美国某大学艺术系，性格活泼。

Amy, female, 20, an American student, from a Department of Art of an American university, is a girl of pleasant personality.

玛丽亚　女，20 岁，俄罗斯留学生，来自俄罗斯某大学美术系，喜爱中国书画。

Mary, female, 20, a Russia student, from a Department of Art of an Russian university, likes Chinese painting and calligraphy.

安志永　男，23 岁，韩国留学生，在中国某大学学习汉语。

An Ji Young, male, 23, a Korean student, has come to China to study Chinese in a Chinese university.

田中正龙　男，32 岁，日本某公司职员，在中国某大学短期进修汉语。

Tanaka Shoryu, male, 32, Japanese student, a clerk of a Japanese company, is now in China for a short-term further studying Chinese.

高桥朋子　女，21 岁，日本留学生，来自日本某大学历史系。

Takahashi Tomoko, female, 21, a Japanese student, is from the Department of History of a Japanese university.

大　卫　男，22岁，意大利留学生，来自意大利某大学，中文系三年级，热情开朗，喜欢运动。

David, male, 22, an Italian junior student,from the Chinese Department of an Italian university, a very pleasant and sociable person, is fond of sports.

金美英　女，20岁，韩国留学生，随父母来中国，在中国某大学学习汉语。

Kim Mi Young, female, 20, a Korean student, has come to China with her parents and is now studying Chinese in a university in China.

山本信一　男，27岁，日本留学生，来自日本某大学，东亚经济专业硕士二年级。

Yamamoto Shinichi, male, 27, a Japanese studen, diligent and industrious, from a Japanese university, majors East Asian Economics in his second year of Master Degree.

李小兰　女，22岁，中国某大学英语专业学生，张云和李书文的女儿。

Li Xiaolan, female, 22, a student of English major of a Chinese university, is Zhang Yun and Li Shuwen's daughter.

陈　宁　女，22岁，李小兰的高中同学。

Chen Ning, female, 22, is Li Xiaolan's high school classmate.

张　云　女，48岁，中国某大学汉语学院汉语教师。

Zhang Yun, female, 48, is a Chinese teacher in a university of China.

目录

CONTENTS

今天是中秋节

Today is Mid-Autumn Festival

第1课 Lesson 1

一 课文 Text

(一) 在食堂

爱　米：今天食堂的饭菜种类特别多！

玛丽亚：嗯！味道也比平时好。

安志永：今天是中秋节嘛。你看，还有免费的月饼呢。

张　云：这种馅儿的很好吃，你们也尝尝。

爱　米：味道的确不错，又甜又香。

张　云：过中秋节的时候，全家人要在一起吃团圆饭。

玛丽亚：除了吃团圆饭以外，中秋节还有什么活动呀？

张　云：赏月啊。吃完饭，全家人一边吃月饼、水果什么的，一边赏月。

安志永：因为农历八月十五的月亮又大又圆，非常漂亮。

张　云：关于月亮还有一个美丽的传说呢，叫“嫦娥奔月”，我给你们讲讲……

爱　米：这个故事太动人了！

安志永：今天天气这么好，晚上我们一起赏月，怎么样？

玛丽亚：好哇。

（二）在教室

（第二天课间）

玛丽亚：老师，中国的传统节日多吗？

张　云：挺多的，有春节、元宵节、清明节、端午节、中秋节等等。

玛丽亚：是不是每个节日都吃不同的食品？

张　云：是啊。昨天中秋节，我们吃的是月饼。

爱　米：我听说，春节的时候吃饺子，元宵节吃汤圆。

玛丽亚：那端午节吃什么？

安志永：端午节吃粽子。反正，节日总是跟吃有关系。

张　云：古时候人们认为吃是最重要的，渐渐地，吃也成了传统节日的重要内容了。

爱　米：要是天天过节就好了！

安志永：为什么？

爱　米：有吃有玩儿啊！

二 常用句 Useful sentences

1. 味道的确不错。
2. 端午节吃什么？
3. 节日总是跟吃有关系。
4. 要是天天过节就好了！

三 生词 New words

1. 种类	zhǒnglèi	（名）	kind; type
2. 免费	miǎn fèi		free of charge
3. 月饼	yuèbing	（名）	moon cake
4. 馅儿	xiànr	（名）	stuffing; filling
5. 的确	díquè	（副）	indeed; really
6. 香	xiāng	（形）	fragrant
7. 团圆	tuányuán	（动）	reunite; reunion
8. 除了……以外……	chúle……yǐwài……		except; besides
9. 赏	shǎng	（动）	admire; enjoy
10. 农历	nónglì	（名）	the lunar calendar
11. 月亮	yuèliang	（名）	moon
12. 圆	yuán	（形）	round; ball-shaped
13. 关于	guānyú	（介）	concerning; about
14. 美丽	měilì	（形）	beautiful
15. 传说	chuánshuō	（名、动）	legend; it is said
16. 奔	bèn	（动）	go straight toward; head for
17. 故事	gùshi	（名）	story
18. 动人	dòngrén	（形）	moving; touching

19. 节日	jiérì	（名）	holiday; festival
20. 食品	shípǐn	（名）	food
21. 汤圆	tāngyuán	（名）	rice glue ball
22. 粽子	zòngzi	（名）	pyramid-shaped dumpling of glutinous rice wrapped in reed leaves
23. 总是	zǒngshì	（副）	always
24. 人们	rénmen	（名）	people; the public
25. 认为	rènwéi	（动）	think; consider
26. 渐渐	jiànjiàn	（副）	gradually
27. 内容	nèiróng	（名）	content
28. 充满	chōngmǎn	（动）	full of; brimming with
29. 气氛	qìfēn	（名）	atmosphere
30. 流行	liúxíng	（动、形）	popular; fashionable
31. 主要	zhǔyào	（形）	main; principal
32. 感觉	gǎnjué	（动、名）	feel; feeling
33. 包	bāo	（动）	wrap
34. 其实	qíshí	（副）	actually; in fact
35. 友谊	yǒuyì	（名）	friendship
36. 棵	kē	（量）	measure word (plants)
37. 人山人海	rén shān rén hǎi		ocean or sea of people; huge crowds of people

38. 女儿	nǚ'ér	（名）	daughter
39. 母亲	mǔqīn	（名）	mother
40. 情人	qíngrén	（名）	lover
41. 表	biǎo	（名）	watch; form

专　名　Proper nouns

1. 中秋节	Zhōngqiū Jié	Mid-Autumn Festival
2. 嫦娥	Cháng'é	The Lady in the Moon（a prominent figure in Chinese mythology）
3. 春节	Chūn Jié	Spring Festival (Chinese New Year)
4. 元宵节	Yuánxiāo Jié	Lantern Festival
5. 清明节	Qīngmíng Jié	Tomb-sweeping Day
6. 端午节	Duānwǔ Jié	Dragon Boat Festival
7. 法语	Fǎyǔ	French
8. 广州	Guǎngzhōu	the capital city of Guangdong province
9. 香港	Xiānggǎng	HongKong
10. 澳门	Àomén	Macao
11. 圣诞节	Shèngdàn Jié	Christmas Day

四 语言点 Language points

(一) 基本句 Basic sentence patterns

除了…… (以外)，……

The structure of “除了…… (以外)，……”

这种结构有两个意思完全不同的句式。

There are two derivative structures of “除了…… (以外)” which indicates completely different in meaning.

除了…… (以外)，……也 / 还……

表示在已知情况的基础上，补充其他同类情况，强调前后一致。例如：

This structure indicates in addition; also. For example:

(1) 除了足球比赛 (以外)，排球比赛我也喜欢看。

(2) 除了北京 (以外)，爱米还想去上海、西安等城市看看。

除了…… (以外)，……都……

表示排除特殊，强调其余的一致性。例如：

This structure indicates with the exclusion of; other than; but. For example:

(3) 除了山本 (以外)，同学们都按时来了。

(4) 除了苹果 (以外)，别的水果我都不爱吃。

(二) 词语用法 Usages of words and phrases

1. 总是

副词。表示持续不变；一直。例如：

“总是”，an adverb, is used to indicate at all times or invariably. For example:

(1) 她做的饭菜总是那么可口。

(2) 我说过他好几次，可他总是不听。

2. 渐渐

副词。表示程度或数量的逐步增加或减少。例如：

"渐渐", an adverb, is used to indicate to become greater or larger, or little by little, or bit by bit. For example:

(1) 天气渐渐暖和了。

(2) 渐渐地，我能听懂汉语了。

(3) 我渐渐地习惯了这儿的生活。

五 操练与交际 Practice and communication

(一) 语音 Phonetics

1. 辨音辨调 Distinguish initials, finals and tones

miǎn fèi（免费）	tāngyuán（汤圆）
miánbèi（棉被）	dǎngyuán（党员）
zǒngshi（总是）	nèiróng（内容）
zhōngshì（中式）	léitóng（雷同）
gùshi（故事）	chōngmǎn（充满）
gùzhi（固执）	cōngmáng（匆忙）
qìfēn（气氛）	liúxíng（流行）
qìfèn（气愤）	lǚxíng（旅行）

2. 多音节连读 Read the following multiple syllables in succession

Zhōngqiū Jié（中秋节）	chī yuèbing（吃月饼）
Duānwǔ Jié（端午节）	chī jiǎozi（吃饺子）
Shèngdàn Jié（圣诞节）	chī tāngyuán（吃汤圆）
tuányuán jié（团圆节）	chī zòngzi（吃粽子）

tuántuanyuányuán（团团圆圆）	měilì de chuánshuō（美丽的传说）
rèrenāonāo（热热闹闹）	měilì de gūniang（美丽的姑娘）
piàopiaoliāngliāng（漂漂亮亮）	měilì de fēngjǐng（美丽的风景）
gāogaoxìngxìng（高高兴兴）	měilì de dìfang（美丽的地方）

（二）朗读下列短语 Read the following phrases aloud

免费参观	的确好吃	动人的故事
免费学习	的确不错	动人的传说
免费参加	的确很热	动人的电影
免费旅游	的确可以	动人的女孩儿

充满笑声	正在流行	渐渐明白了
充满阳光	流行红色	渐渐学会了
充满香味儿	特别流行	渐渐听懂了
充满快乐的气氛	挺流行的	天气渐渐冷了

（三）从本课生词表中选择恰当的词语填空

Fill in the blanks with the words in the vocabulary of this lesson

1. 这个商店的衣服________特别多。
2. 今天的饺子是海鲜________的，很好吃。

3. 中国的传统节日________跟吃有关系。

4. 春节快到了，商场里________，大家都在准备过节的东西。

5. 中秋节、春节都是全家________的节日。

6. ________月亮，有很多美丽的传说，你们谁能给大家讲一个？

7. 考试的时候，教室里________了愉快的气氛。

8. 他告诉老师明天回国，________他是去西安旅游。

9. 这个班______日本人和韩国人______，还有美国人和意大利人。

10. 大家都觉得这次考试的________比较难。

11. 昨天晚上睡觉的时候窗户开着，早上起床的时候，________有点儿不舒服。

12. 小姐，麻烦你帮我________一下这件礼物。

13. 同学们都________你这样做是不对的。

14. 这支歌现在非常________，年轻人都喜欢唱。

15. 这篇课文的________意思我们都看懂了。

16. 现在几点？我的________好像停了。

17. 我________地习惯了这儿的生活，还交了很多朋友。

(四) 用下列生词组成短语

Make phrases by using the following words

1. 免费______	2. 内容______	3. 动人的______
4. 充满______	5. 主要的______	6. ______的感觉
7. 赏______	8. ______的传说	9. ______的气氛
10. 包______	12. 流行______	13. ______的故事

（五）替换 Substitutions

1

晚会上	唱歌、跳舞	表演了很多节目
大卫	喜欢打篮球	喜欢踢足球
参加活动的	留学生	有中国同学和老师
他来中国	学习汉语	学习中国文化

中秋节除了吃月饼以外，还有很多别的活动。

2

除了打网球以外，他没有别的爱好了。

星期一	我每天下午都去锻炼身体
爱米	大家都参加了昨天的晚会
辣的	别的我都很喜欢吃
中国	她没去过别的国家

3

小王最近	迟到
这个孩子	问“为什么”
李小兰	帮助同学
上个星期	下雨
他借别人的钱	不还

节日总是跟吃有关系。

4

要是天天过节就好了！

明天不考试

我有很多钱

能说一口流利的汉语

再便宜一点儿

昨天晚上不去唱卡拉 OK

(六) 熟读下面的句子，注意句式的不同

Read the following sentences aloud and pay attention to the differences of them

1. 除了日语以外，他还会说法语。
2. 除了广州，我们还去香港和澳门。
3. 除了蛋糕以外，我还买了不少水果。
4. 除了山本肚子疼没来以外，大家都来了。
5. 除了你以外，我不认识别的中国人了。
6. 除了面包，他什么都没吃。

(七) 完成句子 Complete the following sentences

1. 除了中秋节以外，＿＿＿＿＿＿＿＿＿＿＿＿。
2. 除了北京，＿＿＿＿＿＿＿＿＿＿＿＿。
3. 除了＿＿＿＿＿＿＿＿＿＿＿＿，他什么都不喜欢。
4. 山本跟老师请假回国，其实＿＿＿＿＿＿＿＿＿＿＿＿。
5. 小王说不知道这件事，其实＿＿＿＿＿＿＿＿＿＿＿＿。
6. 他听课的时候常常点头，其实＿＿＿＿＿＿＿＿＿＿＿＿。

(八) 模仿 Imitation

1. A: 除了吃团圆饭以外，中秋节还有什么活动呀？

   B: 赏月啊。一边吃月饼、水果，一边赏月。

   A: 除了＿＿＿＿＿＿以外，＿＿＿＿＿＿还＿＿＿＿＿＿？

   B: ＿＿＿＿＿＿＿＿＿＿＿＿＿＿

2. A：要是天天过节就好了！

B：为什么？

A：有吃有玩儿啊！

A：要是________就好了！

B：为什么？

A：________________

3. A：中国的年轻人也喜欢过圣诞节吗？

B：是的。他们觉得圣诞节很热闹。

A：________也________吗？

B：是的。________________

（九）连词成句 Make sentences by linking the following words

1. 有　传说　关于　一个　月亮　的　美丽

____

2. 给　买　爱米　友谊　去　朋友　礼物　商店

____

3. 最　的　人们　吃　认为　重要　是　古时候

____

4. 要　团圆　在　饭　全家人　吃　一起

____

5. 种类　食堂　多　饭菜　特别　的　今天

____

(十) 完成会话 Complete the following dialogue

爱　米：小兰，你喜欢过节吗？

李小兰：喜欢啊。我最喜欢____________。

爱　米：我跟你一样喜欢过____________。我特别喜欢吃饺子。

李小兰：中国的传统节日总是____________。

爱　米：对，老师告诉我们中秋节吃____________，____________吃粽子。

李小兰：我也很喜欢圣诞节，可以____________。

爱　米：中国人都____________？

李小兰：主要是年轻人比较喜欢，年纪大的人不太有兴趣。

爱　米：今年我想在中国过春节。

李小兰：好啊，____________，我们一起过一个热热闹闹的春节。

(十一) 功能会话 Functional communications

1. 反对 Object to

A：中国的传统节日挺没意思的。

B：我不这样想，其实传统节日有很多文化内容。

2. 拒绝 Polite refusal

A：来，别客气，多吃点儿。

B：谢谢，我自己来。

A：再来点儿酒？

B：不了，已经喝了不少了。

3. 评价 Evaluate

A：昨天你去看表演了吗？

B：看了。

A：怎么样？

B：一般。没有上次的表演好。

(十二) 阅读 Reading comprehension

年轻人比较爱过圣诞节

圣诞节快到了，爱米去友谊商店给朋友买圣诞礼物。刚进商店，爱米就看到大厅中间摆着一棵漂亮的圣诞树。商店里人山人海，非常热闹，充满了节日的气氛。在等售货员包礼物时，爱米看见了张云老师和她的女儿小兰。

“张老师，中国人也喜欢过圣诞节吗？”爱米问。

张老师说：“这些年，外国的节日在中国也渐渐开始流行了。除了圣诞节，还有母亲节、情人节什么的。其实，主要是年轻人比较喜欢外国的节日。你看，我女儿今晚就要参加一个圣诞晚会，我在帮她准备礼物呢。”

“圣诞节有意思吗？”爱米问小兰。

小兰说：“挺有意思的。和朋友们一起，热热闹闹，互相送礼物，我喜欢！”

“那你们喜不喜欢过中国的传统节日呢？”爱米又问。

“当然也喜欢，但是过节总是和家人在一起，感觉没意思。再说，传统节日总是离不开吃。吃完了，节也过完了。”小兰看了看表：“妈妈，时间快到了，我们该走了。”

“祝你们圣诞快乐！”爱米说。

小兰和张老师也说：“圣诞快乐！”

读后判断对错 Judge if the following sentences are right after reading the passage above

1. 爱米在友谊商店选礼物时看见了张老师和她的女儿。 (　　)
2. 在中国，主要是年轻人比较喜欢外国的节日。 (　　)
3. 张老师今天晚上要参加一个春节晚会。 (　　)
4. 小兰只喜欢跟朋友们一起过节。 (　　)
5. 小兰觉得中国的传统节日非常有意思。 (　　)

（十三）语言交际 Language communication

1. 自由表达 Free talk

谈谈你所了解的中国传统节日。

Talk something about the Chinese festivals you are familiar with.

2. 完成任务 Fulfill the following tasks

询问中国人怎么过春节或者其他传统节日，课堂上向大家做介绍。

Ask Chinese people how they usually spend their Spring Festival or other Chinese traditional holidays and retell it in class.

(1) 节日名称及时间。

(2) 节日食品。

(3) 节日活动。

……

第2课 Lesson 2

我喜欢上网

I like surfing the internet

一 课文 Text

(一) 在教学楼大厅

爱　米：田中，你太太常来信吗？

田　中：是啊，每周一封厚厚的信。

爱　米：真够浪漫的。

田　中：她就是爱写信，跟谈恋爱的时候一样。

爱　米：打电话多方便。

田　中：每天打国际长途太贵了。

爱　米：可以发电子邮件呀，又快又省钱。

田　中：她不喜欢机器，冷冰冰的没有感情。

爱　米：她不喜欢上网吗？

田　中：喜欢，不过她在网上主要是看看新闻，听听音乐，下载节目，写写自己的博客什么的。

（二）在教室

爱　米：这雨越下越大，不知道什么时候才能停。

田　中：没带伞吧？我有伞。一会儿跟我一起回去吧。

爱　米：那太感谢了。

田　中：能陪美女一起走，非常荣幸。

安志永：聊什么呢？这么高兴。

爱　米：安志永，你这些天怎么总是来得这么晚呢？

安志永：（不好意思地）我最近特别喜欢打网络游戏，常常玩儿到半夜。

田　中：早上还得上课呢，你这样每天迟到可不行。

安志永：我也知道应当早点儿休息，可是越玩儿越高兴，就忘了时间了。

爱　米：你是大学生，怎么跟小孩儿一样？

田　中：是呀，一打游戏就控制不了自己了。

安志永：两位好同学，我下次注意还不行吗？

爱　米：对了，告诉我你的电子邮箱，快考试了，我给你发一些复习资料。

安志永：好，我给你写一下儿。考完试我请你吃饭。

田　中：还有我呢。

二 常用句 Useful sentences

1. 给我发电子邮件吧。
2. 她喜欢上网。
3. 她在网上主要是看新闻。
4. 聊什么呢？这么高兴。
5. 告诉我你的电子邮箱。

三 生 词 New words

1. 上网	shàng wǎng		be on the internet
2. 厚	hòu	（形）	thick; deep
3. 浪漫	làngmàn	（形）	romantic
4. 恋爱	liàn'ài	（动）	to fall in love
5. 国际	guójì	（形、名）	international
6. 长途	chángtú	（形、名）	long distance
7. 省	shěng	（动）	save
8. 机器	jīqì	（名）	machine
9. 冷冰冰	lěngbīngbīng	（形）	icy; cold in manner
10. 感情	gǎnqíng	（名）	feeling
11. 下载	xiàzài	（动）	download
12. 博客	bókè	（名）	web blog
13. 越……越……	yuè……yuè……		the more……the more……
14. 荣幸	róngxìng	（形）	be honoured
15. 网络	wǎngluò	（名）	network
16. 游戏	yóuxì	（名）	game
17. 半夜	bànyè	（名）	half the night; midnight
18. 得	děi	（助动）	need; must; have to; will; ought
19. 迟到	chídào	（动）	be late

20. 应当	yīngdāng	（助动）	should; ought to
21. 大学生	dàxuéshēng	（名）	college or university student
22. 小孩儿	xiǎoháir	（名）	child
23. 控制	kòngzhì	（动）	control
24. 邮箱	yóuxiāng	（名）	mailbox
25. 深刻	shēnkè	（形）	deep; profound
26. 印象	yìnxiàng	（名）	impression
27. 实在	shízài	（副、形）	indeed; honest
28. 台	tái	（量）	anything shaped like a platform
29. 电脑	diànnǎo	（名）	computer
30. 装	zhuāng	（动）	load; install
31. 同屋	tóngwū	（名）	roommate
32. 访问	fǎngwèn	（动）	visit; call on
33. 发现	fāxiàn	（动）	find; discover
34. 飞快	fēikuài	（形）	very fast
35. 输入	shūrù	（动）	input
36. 使用	shǐyòng	（动）	use
37. 网站	wǎngzhàn	（名）	website
38. 美好	měihǎo	（形）	nice; fine
39. 难忘	nánwàng	（形）	indelible; memorable
40. 放学	fàng xué		classes are over
41. 笔记本	bǐjìběn	（名）	notebook

42. 速度	sùdù	（名）	speed
43. 秒	miǎo	（量）	second (of time)
44. 闲	xián	（形）	leisure
45. 删除	shānchú	（动）	delete
46. 屏幕	píngmù	（名）	screen
47. 行	háng	（量）	line; row

四 语言点 Language points

（一）基本句 Basic sentence patterns

越……越…… The structure of "越……越……"

表示程度随着情况的发展而变化。句式：

"越……越……" means the more ... the more .... Sentence structure:

越 A 越 B

（1）越玩儿越高兴，就忘了时间了。

（2）雨越下越大。

（3）越着急越找不到。

▲"越……越……"本身含有程度高的意思，因此句中不能再用程度副词。例如：

The structure of "越……越……" has the meaning of high degree, therefore we can not use adverb of degree any more. For example:

× 雨越下越很大。

(二) 词语用法 Usages of words and phrases

1. 得

助动词。表示情理上、事实上或意志上的需要；应该；必须。不能单独回答问题，否定用“不用”。用于口语。例如：

“得”, auxiliary verb, used to express obligation or duty; of necessity; necessarily, can not be used alone in the sentence to answer a question, and the negative form is “不用”. “得” is often used in oral Chinese. For example:

(1) 这个问题我得好好儿想想。

(2) 你得快点儿，不然就晚了。

(3) 这件衣服真不错，得500块钱吧？

(4) 这件事得你来做。

2. 应当

助动词。同“应该”。

“应当”, auxiliary verb, is the same as “应该” in usage and meaning.

第一，表示情理上必须如此。例如：

Used to express obligation or duty. For example:

(1) 你应当早点儿告诉我。

(2) 我们是年轻人，应当多干点儿。

第二，估计情况必然这样。例如：

Used to express conditionality or contingency. For example:

(3) 他上午就出去了，现在应当回来了。

五 操练与交际 Practice and communication

(一) 语音 Phonetics

1. 辨音辨调 Distinguish initials, finals and tones

guójì （国际）	chángtú（长途）
guójí （国籍）	chángchù（长处）
jīqì（机器）	gǎnqíng（感情）
jíqí（极其）	gǎnxìng（感性）
bókè（博客）	chídào（迟到）
pògé（破格）	zhīdao（知道）
yóuxì（游戏）	bànyè（半夜）
yóuqí（尤其）	bànyuè（半月）
diànnǎo（电脑）	shūrù（输入）
diāndǎo（颠倒）	chūlù（出路）

2. 多音节连读 Read the following multiple syllables in succession

kàn xīnwén（看新闻）	xiǎoxuéshēng（小学生）
tīng yīnyuè（听音乐）	zhōngxuéshēng（中学生）
xiě bókè（写博客）	dàxuéshēng（大学生）
dǎ yóuxì（打游戏）	liúxuéshēng（留学生）
lěngbīngbīng（冷冰冰）	fēikuài fēikuài de（飞快飞快的）
rèhūhū（热乎乎）	bǐzhí bǐzhí de（笔直笔直的）
hóngtōngtōng（红通通）	xuěbái xuěbái de（雪白雪白的）
lèhēhē（乐呵呵）	bīngliáng bīngliáng de（冰凉冰凉的）

(二) 朗读下列短语 Read the following phrases aloud

够浪漫的　　打电话　　应当休息
够热闹的　　打手机　　应当工作
够便宜的　　打国际长途　　应当努力学习
够深刻的　　打网络游戏　　应当多听多说

没有印象　　实在太冷了　　越吃越多
留下印象　　实在太好吃了　　越长越胖
不错的印象　　实在太难了　　越学越难
深刻的印象　　实在不知道　　越走越累

(三) 从本课生词表中选择恰当的词语填空
Fill in the blanks with the words in the vocabulary of this lesson

1. 金美英现在用的词典又________又重，她打算去买一个电子词典。
2. 为了________钱，他常常不吃早饭。
3. 从北京到天津可以坐火车，也可以坐________汽车。
4. 安志永常常________打游戏，今天他又迟到了。
5. 这个学期快结束了，为了准备考试，玛丽亚每天晚上学习到______。
6. 你的病刚好，________在家里好好儿休息。
7. 她________不住自己，笑出声来。
8. 山本新买了一台电脑，大卫帮助他装了一个中文_______软件。
9. 上个星期学校组织留学生参观________了附近的小学校。
10. 安志永________同屋最近好像谈恋爱了。
11. 你说话的________太快，我听不懂，请你慢点儿说。
12. 妈妈总是________不住，一会儿收拾房间，一会儿洗衣服。
13. 我和玛丽亚散步的时候，看见一个小伙子______地跑了过去。
14. 请你告诉我这个照相机的________方法。

15. 少数民族的热情好客给了我________的________。

16. 别着急，慢慢说，________着急________说不清楚。

17. 老师，________对不起，我又迟到了。

18. 能参加今天的晚会，我觉得非常________。

19. 人们都希望过上________的生活。

(四) 用下列生词组成短语

Make phrases by using the following words

1. 长途________	2. 省________	3. ________迟到
4. 应当________	5. 控制________	6. 装________
7. 访问________	8. 发现________	9. ________得飞快
10. 输入________	12. 使用________	13. ________的印象

(五) 替换 Substitutions

1

每天打国际长途太贵了。

去饭店吃饭	贵
6点起床	早
打网络游戏	累
学习一个小时	少
写一封信	麻烦

2

你这些天怎么总是来得这么晚呢？

这个星期	迟到
最近	这么累
上周	不写作业
这个月	请假
这段时间	去图书馆

3

想	担心
走	渴
等	着急
逛	累
听	不明白

我们越聊越高兴。

4

第一次跟她见面	深
杭州的风景	美好
这儿的饭菜	不错
他们热情的服务	难忘
那里的环境	不好

第一次访问中文网站给我的印象非常深刻。

(六) 模仿 Imitation

1. A：田中，你太太常来信吗？
   B：是啊，每周一封厚厚的信。

   A：田中，____________吗？
   B：是啊，____________。

2. A：聊什么呢？这么高兴。
   B：昨天的京剧表演太好看了！

   A：____________什么呢？这么高兴。
   B：____________的____________太____________！

3. A：你最近怎么总是来得这么晚呢？

B：我晚上打网络游戏打得很晚。

A：你最近怎么＿＿＿＿＿＿＿＿＿＿呢？

B：我＿＿＿＿＿＿＿＿＿＿＿＿＿＿＿＿＿＿。

（七）连词成句 Make sentences by linking the following words

1. 国际　太　每天　电话　了　长途　贵　打

＿＿＿＿＿＿＿＿＿＿＿＿＿＿＿＿＿＿＿＿＿＿＿＿＿＿＿＿

2. 他　晚　来　最近　总是　这么　得

＿＿＿＿＿＿＿＿＿＿＿＿＿＿＿＿＿＿＿＿＿＿＿＿＿＿＿＿

3. 网络　打　爱　特别　游戏　小孩儿

＿＿＿＿＿＿＿＿＿＿＿＿＿＿＿＿＿＿＿＿＿＿＿＿＿＿＿＿

4. 邮件　快　省钱　发　又……又……　电子

＿＿＿＿＿＿＿＿＿＿＿＿＿＿＿＿＿＿＿＿＿＿＿＿＿＿＿＿

5. 时候　写　谈　她　爱　的　信　恋爱

＿＿＿＿＿＿＿＿＿＿＿＿＿＿＿＿＿＿＿＿＿＿＿＿＿＿＿＿

6. 越……越……　不　他　清楚　着急　说

＿＿＿＿＿＿＿＿＿＿＿＿＿＿＿＿＿＿＿＿＿＿＿＿＿＿＿＿

（八）完成会话 Complete the following dialogue

大　卫：安志永，你每天上网吗？

安志永：是的。我每天＿＿＿＿＿＿＿＿＿＿＿＿＿＿＿＿＿＿＿＿＿＿＿＿。

大　卫：你上网干什么呢？

安志永：＿＿＿＿＿＿＿＿＿，听音乐，下载＿＿＿＿＿＿＿＿＿什么的。你呢？

大　卫：我上网主要是________________________________。

安志永：我特别喜欢网络游戏，____________________________。

大　卫：那你第二天早上能按时起床吗？

安志永：不能。所以我________________________________。

大　卫：这样可不行。快考试了，你应当________________。

安志永：我也知道得好好儿休息，可是____________________。

大　卫：你不是小孩儿了，得控制一下自己。

（九）根据实际情况回答问题　Answer the following questions

1. 你有电脑吗？
2. 你去过网吧吗？
3. 你喜欢上网吗？
4. 你上网常常干什么？
5. 你喜欢打网络游戏吗？
6. 在你们国家有很多小孩子去网吧吗？
7. 在你们国家爸爸妈妈让小孩子打网络游戏吗？

（十）改错　Correct the mistakes in the following sentences

1. 高桥的汉语越说越很流利。

　　____

2. 你怎么越说越太快啊？

　　____

3. 那个小伙子飞飞快快地跑过来。

　　____

4. 孩子越哭越妈妈着急。

　　____

5. 小王昨天打了电脑游戏三个小时。

____

6. 大卫打篮球越来越打得好了。

____

7. 安志永最近常常迟到上课。

____

8. 我昨天洗衣服了半个多小时。

____

(十一) 功能会话 Functional communications

1. 同意 Agree

A：老王，听说你儿子最近常常去网吧打游戏？

B：可不是，他每天一放学就去。

A：这会影响他学习的。

B：没错儿。今天我得好好说说他。

2. 引起注意 Catch somebody's attention

A：哎，你看！

B：怎么了？

A：那个人长得真像山本。

B：嗯，有点儿像，不过他比山本胖一点儿。

3. 决定 Decide

A：对了，我们明天早上七点半出发，怎么样？

B：七点半有点儿早，八点可以吗？

A：好吧，那就八点钟，在学校门口见面。

B：行，就这样吧，明天见！

（十二）阅读 Reading comprehension

我喜欢上网聊天儿

在日本的时候，我就喜欢上网聊天儿，当然，都是用日语。决定来中国留学以后，为了上网方便，我买了一台笔记本电脑，还装了中文输入软件。

第一次访问中文网站给我的印象非常深刻。刚看到中国人用汉语聊天儿的时候，心里特别高兴，也想参加进去。他们聊的速度实在太快了，生词也很多。过了一会儿，我发现他们在说留学的事儿，这个话题我比较有兴趣，想说说自己的想法，就打了三个字："你们好！"

等了几秒钟，没人回答。我又打了一句："有人闲着吗？"

这次有一个人回答了："对不起，你说吧。"

我很高兴地继续打："我是日本留学生。"还没发到网上，那个人已经又提出问题了："你在哪儿啊？"

我很着急地删除了刚打的字，回答他："我在上海。你呢？""大连。你在读大学吗？""是。"他的问题越出越快："哪个大学？""什么专业？""平时喜欢做什么？"……可是我越着急，汉字打得越慢。过了一会儿，他不再问了，又跟别人聊去了。看到屏幕上飞快出现的一行行汉字，我想，要是我也能像他们那样使用汉语就好了……

我觉得上网聊天儿，是学习汉语的好方法，还能交很多朋友。你不想试试吗？

回答问题 Answer the following questions

1. "我"什么时候开始喜欢上网聊天儿的？
2. "我"对哪个话题比较有兴趣？
3. 开始的时候，有人跟"我"聊天儿吗？
4. "我"的回答为什么很慢？
5. 那个人为什么不跟"我"聊天儿了？

（十三）语言交际 Language communication

1. 自由表达 Free talk

谈谈你用中文上网的经历。

Talk something about your experience of surfing the Chinese internet.

2. 完成任务 Fulfill the following tasks

请你去附近的网吧调查并填写下表。

Complete the following chart by interviewing a net bar nearby.

	年龄	什么时间去网吧	每次在网吧大概上多长时间网	上网干什么	每个月上网花多少钱
A					
B					
C					

你怎样学习汉语

How do you study Chinese

第3课 Lesson 3

一 课 文 Text

(一) 在校园

(高桥坐在长椅上，张云走了过来)

张　云：高桥，怎么了？脸色这么不好？

高　桥：我这次听力考试不及格。

张　云：别难过，这次没考好，还有下次呢。

高　桥：为了练听力，我每天晚上都坚持听课文录音。可是为什么……

张　云：你得改进一下学习方法，只是自己在房间里用功还不够，还得多跟中国朋友交流，多跟中国人聊天儿。

高　桥：老师，您能不能帮我介绍几位中国朋友？

张　云：没问题。还有啊，除了上课，有时间也逛逛街，买买东西什么的，这些都可以练习你的听力和口语。

高　桥：这我可从来没想过。怪不得我的听力水平总是上不去呢。

张　云：最好晚上再看看电视，不过，你不能只看中文字幕，不注意听。

高　桥：老师，谢谢您给我介绍了这么多好的学习方法，帮我解决了难题。

张　云：别客气。

(二) 在教室外面

(中午下课后，大卫和高桥一起走出教室)

大　卫：高桥，一起吃饭吧。

高　桥：不行，我得去一趟中国银行，我的银行卡不好用了。

大　卫：对了，今天晚上我要跟中国朋友见面，你也来吧。

高　桥：好啊，我要准备什么吗？

大　卫：不用，你带着耳朵和嘴来就行了。

高　桥：大卫，最近你上阅读课怎么不发言呢？

大　卫：咳，我的阅读能力太差，怎么也提高不了。

高　桥：看，今天的晚报。

大　卫：晚报？哦，我明白了，通过看报纸练习阅读。

高　桥：不只是看报纸，还可以看杂志、画报什么的，对提高阅读能力都有好处。

大　卫：谢谢！我先走了。

高　桥：你去哪儿？

大　卫：买报纸呀。

高　桥：真是个急性子！

二 常用句 Useful sentences

1. 别难过。
2. 多跟中国朋友交流。
3. 谢谢您给我介绍了这么多好的学习方法。
4. 怎么也提高不了。
5. 真是个急性子！

三 生 词 New words

1. 校园	xiàoyuán	（名）	campus
2. 椅(子)	yǐ (zi)	（名）	chair
3. 及格	jí gé		pass a test or an examination etc.
4. 难过	nánguò	（形）	feel sorry
5. 练	liàn	（动）	practice
6. 坚持	jiānchí	（动）	insist on
7. 改进	gǎijìn	（动）	improve; make better
8. 用功	yònggōng	（形）	study hard; hard-working
9. 从来	cónglái	（副）	always; at all times
10. 怪不得	guàibude	（副）	no wonder; so that's why
11. 字幕	zìmù	（名）	subtitle
12. 解决	jiějué	（动）	solve
13. 难题	nántí	（名）	difficult problem
14. 耳朵	ěrduo	（名）	ear
15. 发言	fā yán		speak; make a statement or a speech
16. 咳	hāi	（叹）	expressing sigh
17. 晚报	wǎnbào	（名）	evening news paper
18. 通过	tōngguò	（介、动）	by means of; pass through
19. 报纸	bàozhǐ	（名）	newspaper

20. 画报	huàbào	（名）	illustrated magazine; pictorial
21. 能力	nénglì	（名）	ability
22. 好处	hǎochù	（名）	benefit; advantage
23. 急性子	jíxìngzi	（名）	pepperbox
24. 常见	chángjiàn	（形）	common
25. 文字	wénzì	（名）	characters; writings
26. 规律	guīlǜ	（名）	regular pattern
27. 古代	gǔdài	（名）	ancient times
28. 有关	yǒuguān	（动）	have something to do with
29. 靠	kào	（动）	lean on or against
30. 忘记	wàngjì	（动）	forget
31. 约会	yuēhuì	（名）	appointment
32. 特点	tèdiǎn	（名）	characteristic
33. 方块儿	fāngkuàir	（名）	diamonds
34. 它	tā	（代）	it
35. 猜	cāi	（动）	guess
36. 例如	lìrú	（动）	for example
37. 天上	tiānshang	（名）	the sky
38. 太阳	tàiyáng	（名）	sun
39. 夜晚	yèwǎn	（名）	night; evening
40. 空中	kōngzhōng	（名）	in the sky; overhead
41. 部分	bùfen	（名）	part; section
42. 亮	liàng	（形）	bright

43. 光明	guāngmíng	（形）	bright
44. 马	mǎ	（名）	horse
45. 同样	tóngyàng	（形）	same

四 语言点 Language points

词语用法 Usages of words and phrases

1. 从来

副词。表示从过去到现在都是这样。多用于否定句。例如：

"从来", an adverb, means always and is often used in negative sentences. For example:

（1）他从来不玩儿网络游戏。

（2）她从来不迟到。

（3）我从来没听说过这个人。

"从来"也可用于肯定句，后边常用"就、都"等词语表示强调。例如：

"从来" sometimes can be used in affirmative sentences and is followed by "就" or "都" to indicate emphasizing. For example:

（4）他做事从来就是这样。

（5）姐姐的房间从来都很干净。

2. 怪不得

副词。表示知道了真实的原因或者情况，不再觉得奇怪。例如：

"怪不得", an adverb, is used to indicate to be conscious of the fact or reason, and does not have a feeling of strangeness. For example:

(1) 他家离学校这么远哪，怪不得他常常迟到。

(2) 怪不得他汉语说得这么流利，他已经来中国好几年了。

3. 通过

作动词，指从一端到另一端，从一侧到另一侧；穿过。例如：

“通过” means to go through from one end to the other or to pass through. For example:

(1) 火车飞快地通过了那座桥。

(2) 通过这片森林，就可以看到那座山了。

也指报告、计划等经过法定人数的同意而成立；考试达到某种标准。例如：

“通过” indicates to take and follow (a course of action, for example) by choice or assent, or a plan be adopted or approved or pass the exam. For example:

(3) 大会通过了这个计划。

(4) 他顺利通过了这次考试。

作介词。引进动作的媒介或手段。例如：

“通过”, a preposition, indicates by means of or by way of. For example:

(1) 通过锻炼，他的身体渐渐好了。

(2) 通过大家认真讨论，问题终于解决了。

五 操练与交际 Practice and communication

(一) 语音 Phonetics

1. 辨音辨调 Distinguish initials, finals and tones

xiàoyuán (校园)	jí gé (及格)
xiāo yán (消炎)	jíhé (集合)

nánguò（难过）
Hánguó（韩国）

jiānchí（坚持）
jiǎnzhí（简直）

zìmù（字幕）
zìmǔ（字母）

bàozhǐ（报纸）
páozhì（炮制）

wénzì（文字）
wénzi（蚊子）

guīlǜ（规律）
guīnü（闺女）

gǔdài（古代）
kǔcài（苦菜）

tàiyáng（太阳）
dàiyán（代言）

2. 多音节连读 Read the following multiple syllables in succession

zhèngfāngxíng（正方形）
chángfāngxíng（长方形）
sānjiǎoxíng（三角形）
liùbiānxíng（六边形）

kàn diànshì（看电视）
kàn bàozhǐ（看报纸）
kàn zázhì（看杂志）
kàn huàbào（看画报）

Běijīng Wǎnbào（北京晚报）
Dàlián Wǎnbào（大连晚报）
Xīnmín Wǎnbào（新民晚报）
Yángchéng Wǎnbào（羊城晚报）

tīnglì liànxí（听力练习）
yuèdú liànxí（阅读练习）
kǒuyǔ liànxí（口语练习）
yǔfǎ liànxí（语法练习）

（二）朗读下列短语 Read the following phrases aloud

坚持锻炼	从来没去过	中文字幕	解决问题	很常见
坚持跑步	从来没想过	英文字幕	解决困难	不太常见
坚持学习	从来没看过	韩文字幕	很难解决	常见的事情
坚持工作	从来没吃过	日文字幕	不能解决	常见的汉字

(三) 从本课生词表中选择恰当的词语填空

Fill in the blanks with the words in the vocabulary of this lesson

1. 这次考试比较难，很多同学都不________。
2. 因为生活没有________，他的身体越来越不好。
3. 他________没看过京剧。
4. 山本的太太来中国了，________他今天这么高兴。
5. 这个问题很麻烦，谁能帮我们________？
6. 金美英________了 HSK 六级。
7. 大卫是个________，做什么事情都很着急。
8. ________售货员的介绍，我了解了这个照相机的使用方法。
9. 爱米感冒了，但她今天________来学校上课。
10. 老师，这________课文我不太明白，请您再给我讲讲，好吗？
11. 他________在桌子旁边打电话。
12. 张老师的左边是大卫，玛丽亚坐在她的________。
13. 这本书的__________是有很多画儿，文字很少，很适合小孩子看。
14. 对不起，我________还给你词典了。
15. ________传统节日的情况，您能再给我们介绍一下吗？
16. 高桥很________，每天晚上都学习到 12 点。
17. 玛丽亚对中国__________历史很有兴趣，她想多找几本书看看。
18. 你________我今天在商店看见谁了？
19. 明天开会的时候每个人都要________，请大家做好准备。

(四) 用下列生词组成短语

Make phrases by using the following words

1. _____的校园	2. 坚持_____	3. 解决_____
4. 难过地_____	5. 练_____	6. _____好处
7. _____规律	8. 古代的_____	9. 有关_____
10. 常见的_____	11. 靠_____	12. 忘记_____

(五) 替换 Substitutions

1 为了练听力，我每天晚上都坚持听课文录音。

提高口语水平	跟中国朋友聊天儿
锻炼身体	打太极拳
了解中国文化	看有关的电视节目
记生词	写两个小时汉字
锻炼身体	跑步

2 大卫，你能不能帮我介绍几位中国朋友？

小兰	接个电话
田中	去邮局寄封信
劳驾	找一下419房间的山本
先生	提一下这个箱子
小姐	再拿两瓶啤酒

3 怪不得我的听力水平总是上不去呢。

他高兴得像个孩子似的
你准备了这么多礼物
玛丽亚昨天迟到了
商店里这么多人呢
妈妈这么生气

太谢谢您了，我从来没想过这个问题。

4

没吃过这么好吃的麻婆豆腐
没参加过这么热闹的晚会
不知道关于月亮有这么多传说
没看过这么有意思的表演
没喝过味道这么好的红酒

(六) 模仿 Imitation

1. A：高桥，怎么了？脸色这么不好？
   B：我这次听力考试不及格。

   A：__________，__________？
   B：我__________。

2. A：我这次听力考试不及格。
   B：别难过，这次没考好，还有下次呢。

   A：我__________。
   B：__________，__________。

3. A：你的学习方法不对。
   B：怪不得我的听力水平总是上不去呢。

   A：__________。
   B：怪不得__________。

4. A：老师，谢谢您给我介绍了这么多好的学习方法。
   B：别客气。

   A：__________，谢谢__________。
   B：__________。

(七) 连词成句 Make sentences by linking the following words

1. 都　我　坚持　电视　看　晚上　每天　中文

____

2. 跟　汉语　多　朋友　能　中国　提高　水平　交流

____

3. 了　他　介绍　学习　给　很多　方法　我

____

4. 阅读　中文 学习　报纸　好处　很　对　汉语　有

____

5. 同学　这次　不　很　考试　及格　多

____

(八) 完成会话 Complete the following dialogue

山　本：玛丽亚，这次考试你考得怎么样？

玛丽亚：听力和口语还可以，阅读__________。你呢？

山　本：我的阅读没问题。可是__________。

玛丽亚：我们可以互相帮助。

山　本：好啊，你看，我刚买的中文报纸。

玛丽亚：哦，我明白了，__________。

山　本：对，__________也可以。

玛丽亚：好办法。我一会儿要跟中国朋友见面，你也来吧。

山　本：你每天都跟中国朋友聊天儿吗？

玛丽亚：是的，__________。

山　本：那你也帮我介绍几位中国朋友吧。

玛丽亚：__________。

（九）根据实际情况回答问题 Answer the following questions

1. 你学习汉语多长时间了？
2. 你觉得汉语难吗？
3. 你有什么好的学习方法吗？
4. 你有没有中国朋友？
5. 你常常看中国的电视节目吗？

（十）改错 Correct the mistakes in the following sentences

1. 爸爸从来爱喝青岛啤酒。

____

2. 我从来不去过上海。

____

3. 老师，对不起，今天我带忘记作业了。

____

4. 他从来看过京剧。

____

5. 妹妹唱歌从来这么好听。

____

6. 你不想参加，一样，我们也不想参加。

____

7. 这些杂志你一天看得完不完？

____

（十一）功能会话 Functional communications

1．怀疑 Be suspicious of

A：高桥，这次考试你的听力是100分！

B：我没听错吧？

A：没有。我刚才去办公室了，听力老师告诉我的。

B：真的？太好了！

2．安慰　Comfort

A：安志永，怎么这么不高兴？

B：我这次考试不及格。

A：没关系，这次只是小考试，还有下次呢。

A：要是我不玩儿游戏，每天学习就好了。

B：现在努力也不晚。

3．拒绝　Politely refuse

A：大卫，晚上有时间吗？一起去唱卡拉OK吧？

B：对不起，晚上我跟朋友有约会。

A：哦，那下次吧。

（十二）阅读　Reading comprehension

有趣的汉字

开始学汉字的时候，我觉得很难，上午刚学完，下午就差不多忘记了。后来，老师给我们介绍了汉字的一些特点，我才发现，了解了汉字的规律，这些方块儿字其实也不太难。

有的汉字像画儿，一看它的样子，就能猜到大概是什么意思。例如“人”：古代写成𠆢，像不像一个人站在那儿？“日”：古代写成⊙，多么像天上的太阳啊。“月”字古代写成☽，好像是夜晚空中的月亮。还有一些汉字，每个部分的意思加在一起就是这个字的意思，比如“明”：左边一个“日”，右边一个“月”，太阳和月亮都很亮，放在一起就表示光明；再比如“休”：一个人靠在树上，当然是休息了。最常见的汉字是一部分表示意思，一部分表示读音。比如“妈”这个字，可以从“女”猜到这是女的，从“马”知道它的大概读音。同样，“河”的左边是“水”，表示跟水有关，右边的“可”表示“河”的读音跟它差不多。

你看，汉字是不是一种很有意思的文字？

1. 根据短文连线 Link the following collocations by lines according to the passage above

了解	汉字
猜	特点
像	画儿
介绍	规律
常见	意思

2. 读后判断对错 Judge if the following sentences are right after reading the passage above

(1) 汉字都像画儿，没有规律。 (   )

(2) 有的汉字一部分表示意思，一部分表示读音。 (   )

(3) 汉字没有什么特点，跟别的文字一样。 (   )

3. 请你猜一猜下边这些字的意思

Guess the meaning of the following words

海 泪 尖 旦 卡 情 感 城 摘 衬衫

(十三) 语言交际 Language communication

1. 自由表达 Free talk

讨论学习汉语的方法。

Talk to each other the ways of studying Chinese

2. 完成任务 Fulfill the following tasks

询问中国大学生怎么学习英语（日语、韩语……），课堂上向大家做介绍。

Ask a Chinese university student how he/she studies English (Japanese, Korean, etc.) and retell it to your class.

(1) 什么时候开始学习的？

(2) 学习多长时间了？

(3) 学习哪些课程？

(4) 有哪些好的学习方法？

我只想花 10 块钱

I just want to spend 10 *yuan*

第 4 课
Lesson
4

一 课 文 Text

(一) 在美发店

(星期六中午，金美英去剪头发)

助　手：欢迎光临！您剪发还是烫发？

金美英：我头发有点儿长，想稍微剪短点儿。多少钱？

助　手：剪发 10 块。这边请，先给您洗洗头。

(洗完头，简单擦了擦，用毛巾包好头发)

助　手：请您坐这把椅子。

金美英：好的。（对美发师）您费心了。

美发师：小姐，您的头发有点儿软，烫一下吧，要是烫完了，再染一下就更好看了。

金美英：先烫发，再染发？

美发师：对，给您烫目前最流行的发型，肯定既漂亮又时髦！

金美英：行，你说怎么好就怎么弄吧。我可是头一次烫发，你一定要好好弄啊。

美发师：放心吧，我们的水平是一流的。

金美英：（笑）不见得吧？

美发师：我们这儿有普通的烫发水，也有进口的。您看……

金美英：有什么区别吗？

美发师：进口的不但不伤头发，而且还能给头发补充营养……

金美英：那就用进口的吧。

（二）在宿舍楼大厅

爱　米：这是金美英吗？你的发型真漂亮，像个大明星！

金美英：（不好意思地）别开玩笑了，爱米。

爱　米：这个发型的确不错，在哪儿做的？我也去试试。

金美英：就在学校旁边的那个美发店。

爱　米：你怎么好像不太高兴啊？

金美英：别提了！我本来只想花10块钱剪头发。

爱　米：哦，那现在……

金美英：因为我用的都是进口产品，一共花了350块钱。

爱　米：不算贵。再说，"一分钱一分货"嘛。

二 常用句 Useful sentences

1. 您剪发还是烫发？
2. 剪发多少钱？
3. 不见得吧？
4. 别提了！

三 生词 New words

1. 花	huā	(动)	spend
2. 美发	měi fà		beautify one's hair
3. 剪	jiǎn	(动)	have a haircut
4. 助手	zhùshǒu	(名)	assistant; helper
5. 烫	tàng	(动、形)	perm; very hot

6. 头发	tóufa	（名）	hair (on the head)
7. 稍微	shāowēi	（副）	a little
8. 简单	jiǎndān	（形）	simple
9. 擦	cā	（动）	wipe
10. 毛巾	máojīn	（名）	towel
11. 把	bǎ	（量）	measure word (for anything with a handle)
12. 师	shī	（名）	teacher; master
13. 费心	fèi xīn		give a lot of care
14. 软	ruǎn	（形）	soft
15. 染	rǎn	（动）	dye
16. 目前	mùqián	（名）	at present
17. 发型	fàxíng	（名）	hair style
18. 肯定	kěndìng	（动、副）	affirm; undoubtedly
19. 既……又……	jì……yòu……		and
20. 时髦	shímáo	（形）	fashionable
21. 弄	nòng	（动）	do; play with
22. 头	tóu	（形）	first
23. 一流	yīliú	（形）	first-class
24. 不见得	bú jiàndé		not necessarily
25. 烫发水	tàngfàshuǐ	（名）	perming formula
26. 进口	jìn kǒu		import
27. 区别	qūbié	（名、动）	difference; distinguish

28. 不但	búdàn	（连）	not only
29. 伤	shāng	（动、名）	injure; hurt; wouad
30. 而且	érqiě	（连）	but also
31. 补充	bǔchōng	（动）	supplement; complement
32. 明星	míngxīng	（名）	(film) star
33. 别提了	bié tí le		don't mention it
34. 本来	běnlái	（形、副）	original; at first; of course
35. 产品	chǎnpǐn	（名）	product
36. 打扫	dǎsǎo	（动）	clean; sweep
37. 卫生	wèishēng	（形、名）	hygienic
38. 负责	fùzé	（动、形）	be responsible for ; be in charge of
39. 效果	xiàoguǒ	（名）	effect
40. 理发	lǐ fà		have a haircut
41. 按摩	ànmó	（动）	massage
42. 脖子	bózi	（名）	neck
43. 态度	tàidu	（名）	attitude; manner
44. 女孩儿	nǚháir	（名）	girl
45. 男孩儿	nánháir	（名）	boy
46. 待	dāi	（动）	stay

专 名 Proper nouns

瑞典	Ruìdiǎn	Sweden

四 语言点 Language points

(一) 基本句 Basic sentence patterns

1. 既……又…… The structure of "既……又……"

表示同时具有两个方面的性质或者情况。例如：

"既……又……" is used to connect two things or events. For example:

(1) 坐飞机回去既轻松又方便。

(2) 这些菜既有营养又可口。

2. 不但……而且…… The structure of "不但……而且……"

连接递进复句，表示除"不但"后面所说的意思以外，"而且"后面还有更进一层的意思。例如：

"不但……而且……" is used in the Progressive Duplicate Sentences to indicate the things mentioned not only after "不但", and still something more importance following "而且". For example:

(1) 她不但会说汉语，而且说得很好。

(2) 不但我喜欢她，而且朋友们也喜欢她。

除了"不但……而且……"以外，"不但……还 / 也……"也可表示递进关系。例如：

Besides "不但……而且……", "不但……还 / 也……" can also be used to indicate progressive duplicate relation. For example:

(3) 他不但来了，来得还挺早呢。

(4) 不但她想去，我也想去。

(二) 词语用法 Usages of words and phrases

1. 稍微

副词。表示数量不多或程度不深。要与表示少量意义的词语配合使用。例如：

"稍微", an adverb, is used to indicate a small number or the degree not high. It is usually collocated with the words with the meaning of "few or little amount of". For example:

(1) 菜里稍微放一点儿酱油就行。

(2) 今天稍微有点儿冷。

(3) 这个问题你稍微想一想就能答出来。

(4) 这件衣服稍微大一些。(×这件衣服稍微大。)

2. 头

形容词。表示最前的。常用在数量词、名词等前边。例如：

"头", an adjective,is often used in front of numerals or nouns to indicate the first. For example:

(1) 他头一个走出教室。

(2) 刚来中国的头两个月，我不太习惯。

(3) 这次你得了头奖，该请客了吧？

五 操练与交际 Practice and communication

(一) 语音 Phonetics

1. 辨音辨调 Distinguish initials, finals and tones

shāowēi (稍微)	zhùshǒu (助手)
shàowèi (少尉)	zhù shòu (祝寿)
jiǎndān (简单)	máojīn (毛巾)
xiǎntān (险滩)	màojìn (冒进)

mùqián（目前）
yùjiàn（遇见）

shímáo（时髦）
xìmáo（细毛）

jìn kǒu（进口）
jǐng kǒu（井口）

búdàn（不但）
bùdān（不单）

wèishēng（卫生）
wěishēng（尾声）

bózi（脖子）
mòzi（末子）

2．多音节连读　Read the following multiple syllables in succession

měifàshī（美发师）
gōngchéngshī（工程师）
shèyǐngshī（摄影师）
jīxièshī（机械师）

xǐfàshuǐ（洗发水）
tàngfàshuǐ（烫发水）
rǎnfàshuǐ（染发水）
liú kǒushuǐ（流口水）

yì bǎ yǐzi（一把椅子）
yì bǎ càidāo（一把菜刀）
yì bǎ yǔsǎn（一把雨伞）
yì bǎ yàoshi（一把钥匙）

yīliú de shuǐpíng（一流的水平）
yīliú de jìshù（一流的技术）
yīliú de fúwù（一流的服务）
yīliú de chǎnpǐn（一流的产品）

（二）朗读　Read aloud

1．朗读下列短语　Read the following phrases aloud

有点儿长　稍微有点儿冷　肯定参加　既好吃又便宜　打扫卫生
有点儿软　稍微有点儿大　肯定同意　既轻松又方便　打扫房间
有点儿冷　稍微多一点儿　肯定不行　既时髦又漂亮　打扫教室
有点儿热　稍微辣一点儿　不敢肯定　既热闹又有趣　打扫干净

2．朗读下列句子，注意语调
Read the following sentences and pay attention to the tones

别提了，我这次考试不及格。
别提了，昨天晚上拉肚子了。

别提了，我没买到火车票。

别提了，我的手机坏了。

（三）从本课生词表中选择恰当的词语填空

Fill in the blanks with the words in the vocabulary of this lesson

1. 茶太________了，一会儿再喝吧。
2. 这个问题很________，我可以帮你解决。
3. 这儿有很多水，快用毛巾________一下。
4. 昨天爱米逛商店的时候下雨了，她没带伞，只好买了一________。
5. 你的头发________短一点儿就更漂亮了。
6. 我敢________，他今天一定来不了了。
7. 这个学校的老师水平都是________的，你放心吧。
8. 中国从那个国家________了很多电子产品。
9. 这两种词典的________不太大，你买哪一本都行。
10. 他们不但是同学，________是好朋友。
11. 你们出差的时候，谁________照顾这个孩子？
12. 这种药的________不错，你试试。
13. 那个商店的服务员________不错，我常去那里买东西。
14. 你喜欢哪个电影________？
15. 妈妈每天________房间、洗衣服、做饭，非常辛苦。
16. 对不起，我________坏了你的手机。
17. 她做饭的时候不小心烫________了手，今天不能写作业了。
18. 上课打手机，________就是你不对。
19. 这个菜________有点儿辣，不过味道还不错。

20. 刚来中国的________两周有点儿不习惯，现在已经没问题了。

21. ——上周去旅游，玩得怎么样？

——________，刚出发就病了。

（四）用下列生词组成短语

Make phrases by using the following words

1.稍微________	2. 简单的________	3. 擦________
4. 肯定________	5. 时髦的________	6. 弄________
7. 补充________	8. 花________	9. 待________
10. 负责________	11. 打扫________	12.________的效果

（五）替换 Substitutions

1

这个照相机有点儿问题	修一下儿
昨天买的衣服有点儿大	换一件
有一个生词不明白	问问您
买了一本书	送给你
有点儿事儿	请你帮帮我

我<u>头发有点儿长</u>，想<u>稍微剪短点儿</u>。

2

您穿这件外套

您戴这种眼镜

您背这个皮包

您穿这双鞋

您染这种颜色

<u>给您烫目前最流行的发型</u>，肯定既漂亮又时髦。

放心吧，我们的水平是一流的。

3

服务
产品
饭菜
表演
公司

进口的不但不伤头发，而且还能给头发补充营养。

4

他	会说汉语	会唱中文歌
这儿的饭菜	好吃	很便宜
汉字	不难	非常有意思
他	想在中国读大学	想考研究生
这种手机	可以打电话	能照相

(六) 完成句子 Complete the following sentences

1. 昨天的表演既________又________。
2. 姐姐的孩子既________又________。
3. 不但爱米________，而且________。
4. 这本词典不但________，而且________。
5. 上网不但________，（还）________。

(七) 模仿 limitation

1. A：欢迎光临！您剪发还是烫发？
   B：我头发有点儿长，想稍微剪短点儿。

   A：欢迎光临！________？
   B：我________。

2. A：给您烫目前最流行的发型，肯定既漂亮又时髦。

   B：行，你说怎么好就怎么弄吧。

   A：__________，肯定既______又__________。

   B：行，____________________。

3. A：进口的不但不伤头发，而且还能给头发补充营养。

   B：不见得吧？

   A：__________不但__________，而且________。

   B：____________________？

4. A：你怎么好像不太高兴啊？

   B：别提了！我本来只想花10块钱剪头发。

   A：你____________________？

   B：别提了！我______________。

5. A：我用的都是进口产品，一共花了350块钱。

   B：不算贵。再说，“一分钱一分货”嘛。

   A：我__________，一共______________。

   B：不算贵。再说，____________________。

(八) 完成会话 Complete the following dialogue

李小兰：爱米，你换了新发型了？

爱　米：是啊，好看吗？

李小兰：非常漂亮，在哪儿烫的？

爱　米：__________。你猜我花了多少钱？

李小兰：__________？

爱　米：没有那么贵。只花了__________。

李小兰：这么便宜？

爱　米：对，我用的都是＿＿＿＿＿＿产品，而且＿＿＿＿＿＿，他们就给我打了折。

李小兰：你真厉害。

爱　米：下次你想剪头发，＿＿＿＿＿＿。

李小兰：好的。

（九）根据实际情况回答问题　Answer the following questions

1. 你去过中国的美发店吗？
2. 你染过头发吗？
3. 在你们国家理发贵不贵？
4. 在你们国家美发师是男的还是女的？
5. 你喜欢跟美发师聊天儿吗？

（十）改错　Correct the mistakes in the following sentences

1. 山本每个月理发一次。

＿＿＿＿＿＿＿＿＿＿＿＿＿＿＿＿

2. 教室里有只一张桌子和一张椅子。

＿＿＿＿＿＿＿＿＿＿＿＿＿＿＿＿

3. 进口汽车比国产的贵有点儿。

＿＿＿＿＿＿＿＿＿＿＿＿＿＿＿＿

4. 这个菜稍微一点儿辣。

＿＿＿＿＿＿＿＿＿＿＿＿＿＿＿＿

5. 不但他学习汉语，而且也学习法语。

＿＿＿＿＿＿＿＿＿＿＿＿＿＿＿＿

6. 这件事情不但我知道，老师而且也知道。

____

7. 金美英学习既汉语又英语。

____

(十一) 功能会话 Functional communications

1. 理发 Have a haircut

A：怎么理？

B：跟以前一样吧。

A：长点儿还是短点儿？

B：天冷了，长点儿吧。

2. 询问 Enquiry

A：爱米，你的新发型在哪儿剪的？

B：学校门口的美发店。

A：贵吗？

B：挺便宜的。

3. 按摩 Massage

A：你怎么了？

B：今天起床以后，脖子就疼得厉害。

A：你坐在这儿，我给你按摩按摩就好了。

(按摩以后……)

A：你活动一下脖子，还疼不疼了？

B：不疼了，谢谢大夫。

4. 相信 Convincing

A：你的脖子怎么样了？

B：好了，没事儿了。

A：吃的什么药？

B：没吃药就好了。

A：真的？我不相信。

B：是医院的大夫给我按摩好的。

A：按摩真的有效果吗？

B：开始我也不相信，可是按摩以后就不疼了。

A：以后有机会我也试试。

(十二) 阅读 Reading comprehension

我喜欢这家美发店

有一天，我想去染发。我走进附近一家美发店，这家美发店我陪丈夫理发时去过，服务态度很好。

他们还记得我，我一进门，他们都笑了。我问他们能不能给我染头发，一个女孩儿说："行！行！我们也给别的西方人染过头发。"一个男孩儿说："有个美国女孩儿跟你的头发一样。没问题！"可我还是有点儿担心。

他们开始给我做头发。

在中国的美发店做头发很有意思，因为不但可以做头发，而且有机会和美发师聊天儿，还可以听音乐或者看电视，跟在瑞典不大一样。

中国的美发店好像大部分都是男的负责剪发，女的洗头、染发，还要打扫卫生。在别的国家，从来没见过这样的情况。为什么这样呢？我问给我做头发的男孩儿，他笑了笑说："我没想过这个问题。"

在中国美发店，你既可以美发，又可以做按摩。第一次见到这样的事时我觉得有点儿奇怪，因为在西方，你不可能在美发店里做按摩。现在我知道，这在中国很常见，不过只是按摩一下头和脖子。

开始，我只想在那儿待一个小时。但等到他们做完，已经过去三个半小时了。看了看，效果还真不错，我放心了。

我喜欢这家美发店，也喜欢在这儿的这种感觉。

回答问题　Answer the following questions

1. “我”为什么选这家理发店？
2. “我”为什么觉得在中国的美发店做头发很有意思？
3. “我”觉得中国的美发店和别的国家的有什么不一样？
4. “我”为什么觉得在美发店按摩很奇怪？
5. “我”在美发店待了多长时间？

（十三）语言交际　Language communication

1. 自由表达　Free talk

（1）谈谈你最喜欢的一家美发店。

Talk something about your favorite hairdressing saloon.

（2）你希望你的好朋友留什么样的发型（长发、短发、烫发、染发等），为什么？

What kind of hair style do you want your friend to have (long hair, short hair, marcel or hair dyeing)? Why?

2. 完成任务　Fulfill the following tasks

去附近的美发店了解以下内容：

Get the following information by going to the nearby saloon:

（1）剪发多少钱（男士、女士）

（2）烫发多少钱（国产、进口产品）

（3）染发多少钱（国产、进口产品）

第5课 Lesson 5

有朋友真好

How nice to have a good friend

一 课 文 Text

(一) 在医院

(爱米得了重感冒，住进了医院。玛丽亚和山本去医院看望她)

玛丽亚：爱米，怎么样？好点儿了吗？

爱　米：感觉好多了，不过大夫说我身体太弱，必须住院多休息一段时间。

山　本：别着急，俗话说“病来如山倒，病去如抽丝”。

爱　米：每天待在病房里，快要闷死了。

玛丽亚：看，我们给你带什么来了？

爱　米：好漂亮的鲜花！还有我最爱吃的西瓜！

山　本：希望你早点儿恢复健康！

爱　米：谢谢！啊，还有一本《中国书法作品集》。你们真是太了解我了！

山　本：这本书是从学校图书馆借来的，看的时候要小心一点儿啊。

爱　米：当然啦，我从来都是爱书如命嘛。

玛丽亚：只要你喜欢我们就放心了。

爱　米：二位快请坐。我有好多话要跟你们说呢。

（二）在病房

（病房里，金美英和李小兰跟爱米聊天儿）

金美英：安志永去机场接朋友了，他让我们向你问好。

爱　米：替我谢谢他。

李小兰：下个星期的演讲比赛，你恐怕不能参加了吧？

爱　米：说不准，那时候也许就可以出院了。

金美英：等你病好了，我们一定给你搞个活动庆祝一下。

爱　米：什么活动？

李小兰：这是秘密，到时候你就知道了。

爱　米：那就一言为定！有朋友真好！

李小兰：爱米，好好儿休息，安心养病。

金美英：有时间我们再来看你。

二 常用句 Useful sentences

1. 好点儿了吗？
2. 感觉好多了。
3. 希望你早点儿恢复健康！
4. 说不准，那时候也许就可以出院了。
5. 好好儿休息，有时间我们再来看你。

三 生词 New words

1. 看望	kànwàng	（动）	call on; visit
2. 弱	ruò	（形）	weak; feeble
3. 必须	bìxū	（助动）	must
4. 住院	zhù yuàn		be in hospital

5. 如	rú	（动）	as if; like
6. 抽	chōu	（动）	take out (from in between); take (a part from a whole)
7. 丝	sī	（名）	silk
8. 病房	bìngfáng	（名）	ward (of a hospital); sickroom
9. 闷	mēn	（动）	confine oneself indoors
10. 鲜花	xiānhuā	（名）	flowers
11. 西瓜	xīguā	（名）	watermelon
12. 书法	shūfǎ	（名）	calligraphy
13. 作品	zuòpǐn	（名）	works
14. 集	jí	（名）	collection; volume
15. 命	mìng	（名）	life
16. 只要	zhǐyào	（连）	provided; so long as
17. 机场	jīchǎng	（名）	airport
18. 向	xiàng	（介、动）	to; towards
19. 问好	wèn hǎo		send one's regards to; say hello to
20. 演讲	yǎnjiǎng	（动）	give a lecture; make a speech
21. 恐怕	kǒngpà	（副）	I'm afraid; perhaps
22. 准	zhǔn	（形）	definitely; accurate
23. 也许	yěxǔ	（副）	perhaps; maybe
24. 出院	chū yuàn		leave hospital
25. 搞	gǎo	（动）	do; make
26. 秘密	mìmì	（名）	secret

27. 一言为定	yì yán wéi dìng		It's a deal
28. 安心	ānxīn	(动)	feel at ease
29. 生	shēng	(动)	get; have; give birth to
30. 着	zháo	(动)	used after verbs to indicate a result
31. 绿茶	lǜchá	(名)	green tea
32. 咳嗽	késou	(动)	cough
33. 鼻子	bízi	(名)	nose
34. 端	duān	(动)	hold sth. level with both hands; carry
35. 浓	nóng	(形)	dense
36. 节奏	jiézòu	(名)	rhythm; regularity
37. 多数	duōshù	(名)	majority; most
38. 乐趣	lèqù	(名)	delight; joy
39. 平安	píng'ān	(形)	safe; well
40. 尤其	yóuqí	(副)	especially
41. 治	zhì	(动)	treat; cure
42. 爱人	àiren	(名)	husband or wife
43. 化学	huàxué	(名)	chemistry
44. 学期	xuéqī	(名)	school term; semester

专 名 Proper nouns

1. 黄	Huáng	a surname

2. 天津	Tiānjīn	Tianjin
3. 北京大学	Běijīng Dàxué	Peking University
4. 居里夫人	Jūlǐ Fūrén	Marie Curie
5. 李玉	Lǐ Yù	name of a person
6. 可口可乐	Kěkǒukělè	Coca Cola

四 语言点 Language points

(一) 基本句 Basic sentence patterns

只要……就…… The structure of "只要……就……"

连接条件复句。表示充足条件，即有了某个条件，就会有后面的结果。"只要"可以用在主语前或主语后。例如：

"只要……就……" is used in the complex sentences of condiction to indicate that with reasonable conditions the result will turn out and "只要" can be used before or after the subject. For example:

(1) 只要努力，就一定能学好汉语。

(2) 只要你同意，他就可以参加。

(3) 我只要有时间，就会去的。

(二) 词语用法 Usages of words and phrases

1. 必须

助动词。表示事实上、情理上一定要这样。例如：

"必须", an auxiliary verb, is used to indicate to be obliged or required by morality, law, or custom. For example:

(1) 我们必须马上出发。

(2) 想提高汉语水平，必须努力学习。

(3) 必须你自己去办入学手续。

2. 向

作动词。正对某个方向。例如：

“向”, a verb, means to face. For example:

(1) 这个房间向阳。

(2) 大家都向着东方，等着看日出。

作介词。跟名词组合，表示动作行为的方向或对象。例如：

“向”, an adverb, is used with a noun phrase to indicate the direction or an object the action moves to. For example:

(3) 汽车向北开去。

(4) 他向我点了点头。

(5) 我们都应该向小王学习。

3. 恐怕

副词。表示对情况的估计，有时带有担心的意思。例如：

“恐怕”, an adverb, is used to indicate to be afraid of. For example:

(1) 今天他恐怕来不了了。

(2) 下午恐怕会下雨。

4. 也许

副词。表示估计、猜测或者不能肯定的语气。例如：

“也许”， an adverb, is used to indicate the mood of guesstimating or an uncertainty. For example:

(1) 他也许病了。

(2) 也许他已经走了。

(3) 也许是我去，也许是小王去，反正要去一个人。

五 操练与交际 Practice and communication

(一) 语音 Phonetics

1. 辨音辨调 Distinguish initials, finals and tones

súhuà（俗话）
sùhuá（速滑）

xiānhuā（鲜花）
xiàn huā（献花）

xuéqī（学期）
xuéqū（学区）

wèn hǎo（问好）
wénháo（文豪）

chū yuàn（出院）
zhù yuàn（住院）

bìngfáng（病房）
pīngpāng（乒乓）

xīguā（西瓜）
xìhuà（细化）

jīchǎng（机场）
jīzhǎng（机长）

yǎnjiǎng（演讲）
yánjiāng（沿江）

yóuqí（尤其）
yóuqī（油漆）

2. 多音节连读 Read the following multiple syllables in succession

hē lǜchá（喝绿茶）
hē huāchá（喝花茶）
hē hóngchá（喝红茶）
hē pǔ'ěrchá（喝普洱茶）

fàng chūnjià（放春假）
fàng shǔjià（放暑假）
fàng qiūjià（放秋假）
fàng hánjià（放寒假）

wénxué zuòpǐn（文学作品）
shèyǐng zuòpǐn（摄影作品）
huìhuà zuòpǐn（绘画作品）
shūfǎ zuòpǐn（书法作品）

Běijīng Dàxué（北京大学）
Qīnghuá Dàxué（清华大学）
Niújīn Dàxué（牛津大学）
Jiànqiáo Dàxué（剑桥大学）

(二) 朗读 Read aloud

1. 朗读下列短语 Read the following phrases aloud

看望病人	必须休息	向你问好
看望朋友	必须完成	向他问好
看望父母	必须安排	向老师问好
看望老人	必须解决	向你父母问好
恐怕生病了	搞经济	找不着
恐怕要下雨了	搞研究	看不着
恐怕要迟到了	搞贸易	够不着
恐怕不能参加了	搞上去	买不着

2. 朗读下列句子，注意语调
Read the following sentences and pay attention to the tones

哇，还有我最爱吃的西瓜！
啊，还有我最爱吃的饺子！
呀，还有我最爱吃的麻婆豆腐！
啊，还有我最爱喝的绿茶！
哇，还有我最爱喝的青岛啤酒！

(三) 从本课生词表中选择恰当的词语填空

Fill in the blanks with the words in the vocabulary of this lesson

1. 明天八点钟以前大家________到学校。
2. 大卫在中国学了一年________，汉字越写越漂亮。
3. 你的病不要紧，________吃点儿药、多休息休息就好了。
4. 回国以后请替我______你的父母问好。
5. 我今天特别忙，________不能陪你去机场接朋友了。
6. 这么好的天气，你怎么一个人________在家里，我们出去踢足球吧。
7. 金美英的爸爸是________ 国际贸易工作的。
8. 这是________，千万不要告诉别人。

9. 服务员________着一盘饺子走过来，说："对不起，让您久等了。"
10. 最近大家都特别用功，________是山本，每天晚上都学习到十二点。
11. 我不喜欢这种快________的音乐，听了以后感觉很累。
12. 一边看书，一边喝茶，是老王的一大________。
13. 你下个________还要继续在这里学习汉语吗？
14. 这杯咖啡太________了，喝了你会睡不着觉的。
15. 大________同学都同意周末去郊游，只有几个人不想去。
16. 爱米生病住院住了两个多星期，明天终于要________了。
17. 你________在中国学习，不要担心家里的事情。
18. 别着急，________下星期就有好消息了。
19. 放心吧，他明天八点________来。
20. 田中今天下午回国，我们去飞机场送他，祝他一路__________。

(四) 用下列生词组成短语

Make phrases by using the following words

1. 看望________	2. 必须________	3. 抽________
4. ________作品	5. 秘密地________	6. 安心________
7. 端________	8. 浓________	9. 搞________
10. ________节奏	11. 多数________	12. ________的乐趣

(五) 替换 Substitutions

1

妈妈	写完作业才能睡觉
老师	参加分班考试
班长	早上七点钟以前到学校
爸爸	学好汉语和中国文化
玛丽亚	在晚会上表演节目

<u>大夫</u>说我必须<u>多休息一段时间</u>。

2

爱米	请了两天假
王老师	给大家上课
朋友	给妈妈买生日礼物
山本	参加足球比赛
同屋	去图书馆还书

你们替我谢谢他。

3

京剧表演	看不了
留学生晚会	参加不了
郊游活动	不能去
全校晚会	表演不了
足球比赛	踢不了

下个星期的演讲比赛，你恐怕不能参加了吧？

4

下个星期	能做完
明天下午	不下雨
考试以前	回来
周日晚上	出发
明年这个时候	去上海工作

说不准，那时候也许就可以出院了。

(六) 完成句子 Complete the following sentences

1. 只要努力，____________________。
2. 只要她知道，____________________。
3. 只要有时间，____________________。
4. ____________________，你的病就会好。
5. ____________________，他就去。

(七) 模仿 Imitation

1. 每天待在病房里，快要闷死了。

______，快要闷死了。

2. A：这本书是从学校图书馆借来的，看的时候要小心一点儿啊。
   B：当然啦，我从来都是爱书如命嘛。

   A：______，______。
   B：当然啦，______。

3. A：下个星期的演讲比赛，你恐怕不能参加了吧？
   B：说不准，那时候也许就可以出院了。

   A：下个星期的______，你恐怕不能______了吧？
   B：说不准，______。

4. 等你病好了，我们一定给你搞个活动庆祝一下。

______，我们一定______。

(八) 完成会话 Complete the following dialogue

（金美英病了，张老师去宿舍看望她）

张老师：金美英，听说______，我来看看你。
金美英：谢谢老师，我现在______。
张老师：俗话说："病来如山倒，病去如抽丝"。还是要好好儿休息啊。
金美英：这几天没上课，我觉得自己的汉语______。
张老师：别着急，我______。
金美英：老师，我本来想______，可是现在可能参加不了了。
张老师：没关系，以后______。

(九) 选词填空 Fill the blanks with the words or phrases below

恐怕　也许　可能　必须　得　替　向

1. 这个假期我______不能跟你们一起去旅游了。
2. 这本书明天下午两点以前______还给图书馆。
3. 你不______知道我们的秘密！
4. 请你______我去参加比赛，好不好？
5. 我代表我们全家______你表示感谢。
6. 我______给家里打个电话，告诉他们别等我吃晚饭了。
7. 这么长时间没见到他，______他已经回国了。

(十) 功能会话 Functional communications

1. 准备看望 Get ready to pay a visit

A：下午我们去医院看看爱米吧？

B：好啊，爱米住院快一个星期了。

A：给她带点儿什么东西呢？

B：买些水果吧。

2. 建议 Make a suggestion

A：你最好再休息几天。

B：我已经好了，下周就可以上课了。

A：医生检查过了吗？

B：上午检查了，没有问题。

A：以后一定要注意身体，别再生病了。

B：真是"有什么别有病，没什么别没钱"啊。

3. 请假 Ask for leave

A：老师，我想请一个星期假。

B：怎么了？

A：我爸爸住院了。

B：哦，你打算什么时候走？

A：明天。

B：好吧，一路平安。

A：谢谢。

（十一）阅读 Reading comprehension

我的中国朋友们

来中国以后，我交了很多中国朋友，男的、女的、老的、小的，做什么工作的都有，跟他们在一起，既可以学习汉语，又能了解中国文化和中国人的生活。

老黄是我在天津认识的。他是一家饭店的老板，我常常去他的饭店吃饭，慢慢地就成了朋友。老黄喜欢喝茶，尤其是绿茶。夏天的时候，他的手里总是端着一大杯浓浓的绿茶。他常说“喝茶治百病”，他真的很少生病。老黄家里有三口人。他的爱人长得很漂亮，做饭做得特别好吃，还教了我几个拿手的中国菜。老黄的女儿是大学生，在北京大学学习化学，她说她想做中国的居里夫人。只要一放假，她就跟我互相学习，我教她英语，她教我汉语。我很喜欢老黄一家人。

李玉也是我的好朋友，她在一个小公司工作，正在学习英语，她想去美国留学。李玉是一个很有意思的人。她和多数年轻人一样，喜欢喝可口可乐和咖啡，也喜欢过圣诞节，但是她也喜欢看传统的京剧。她说京剧的节奏慢慢的，听着很舒服。因为常常跟李玉一起去看京剧，我也喜欢京剧了，还打算下个学期跟老师学习京剧呢。

中国人说“在家靠父母，出门靠朋友”。确实是这样，这些中国朋友给我带来了很多乐趣，让我的留学生活每天都快快乐乐。

1. 根据短文连线

Link the following collocations by lines according to the passage above

交	很慢
节奏	京剧
治	朋友
带来	百病
爱上	乐趣

2. 回答问题 Answer the following questions

(1)"我"觉得跟中国人交朋友有什么好处?

(2)"我"是怎么跟老黄交上朋友的?

(3)老黄的女儿学习什么专业?

(4)李玉为什么喜欢听京剧?

(5)"在家靠父母，出门靠朋友"是什么意思?

(十二) 语言交际 Language communication

1. 自由表达 Free talk

请谈谈你们国家去医院看望病人时一般带什么礼物。

What present do you often take to visit a patient in hospital?

2. 完成任务 Fulfill the following tasks

采访你的中国朋友:

Interview one of you Chinese friends.

(1) 年龄

(2) 职业

(3) 爱好

(4) 他（/她）对现在的生活满意吗？为什么？

(5) 他（/她）明年有什么打算？

3．写作　Writing

根据第 2 题你采访到的内容，写一段话介绍一位中国朋友。

Write a composition about a Chinese friend according to what you have interviewed based on the second question above.

我真是个马大哈

第6课 Lesson 6

How careless I am

一 课 文 Text

(一) 在银行

(在服务台)

爱　　米：你好。我想开个户头，把这些旅行支票都存了，再办张银行卡。

工作人员：好的。您打算存活期的还是定期的？

爱　　米：活期的。

工作人员：请先把这张开户单填一下。

(听到广播叫号后，爱米到6号窗口，把填好的单子递给营业员)

营 业 员：请把护照给我。

爱　　米：好的。

营 业 员：请输入六位数的密码……请再输入一遍……

爱　　米：这样行吗？

营业员：好了。

爱　　米：谢谢，再见。

营业员：小姐，请等等，把您的护照拿好。

爱　　米：啊！谢谢，我真是个马大哈！

（二）在宿舍楼门口

（爱米着急地站在宿舍楼门口）

高　　桥：爱米，怎么了？

爱　　米：真倒霉，银行卡丢了。

高　　桥：别着急，再好好儿找找。

爱　　米：我把包都翻过了，没找到。

高　　桥：是不是在你口袋里？

爱　　米：（掏口袋）还是没有。

高　　桥：好好儿回忆一下儿，今天你都去什么地方了？

爱　　米：上午去超市买东西，结账的时候现金不够，我就刷了卡。

高　　桥：然后呢？

爱　　米：我去逛街了。本来打算取点儿钱，可是发现银行卡没有了。

高　　桥：可能碰到小偷儿了，也可能丢在路上了。

爱　　米：现在怎么办啊？

高　　桥：赶紧给银行打电话挂失吧。

二　常用句　Useful sentences

1. 我想开个户头，再办张银行卡。
2. 存活期的还是定期的？
3. 请把这张开户单填一下。
4. 请输入密码。
5. 真倒霉，银行卡丢了。

三 生词 New words

1. 马大哈	mǎdàhā	（名）	careless
2. 户头	hùtóu	（名）	account
3. 把	bǎ	（介）	used before a verb to indicate how a thing or person disposed of, dealt with, the object of "ba" usually is the thing or person diposed of
4. 支票	zhīpiào	（名）	cheque
5. 存	cún	（动）	deposit; save
6. 活期	huóqī	（形）	current
7. 定期	dìngqī	（形）	fixed; time
8. 填	tián	（动）	fill in
9. 递	dì	（动）	hand over; pass
10. 密码	mìmǎ	（名）	password
11. 丢	diū	（动）	lose
12. 翻	fān	（动）	turn over; search
13. 口袋	kǒudài	（名）	pocket
14. 掏	tāo	（动）	draw out; pull out
15. 回忆	huíyì	（动、名）	recall; memory
16. 结账	jié zhàng		check-out
17. 现金	xiànjīn	（名）	cash

18. 刷	shuā	（动）	brush; swipe
19. 小偷儿	xiǎotōur	（名）	thief
20. 赶紧	gǎnjǐn	（副）	quickly
21. 挂失	guà shī		report the loss of sth.
22. 关	guān	（动）	shut; turn off
23. 页	yè	（名）	page
24. 观察	guānchá	（动）	observe; watch
25. 老虎	lǎohǔ	（名）	tiger
26. 匹	pǐ	（量）	measure word for horses etc.
27. 墙	qiáng	（名）	wall
28. 偷	tōu	（动）	steal
29. 长	zhǎng	（动）	grow
30. 认真	rènzhēn	（形）	conscientious; earnest
31. 咬	yǎo	（动）	bite
32. 批评	pīpíng	（动）	criticize
33. 脏	zāng	（形）	dirty
34. 书架	shūjià	（名）	bookshelf
35. 从前	cóngqián	（名）	before; formerly
36. 仔细	zǐxì	（形）	careful
37. 幅	fú	（量）	measure word for paintings etc.
38. 儿子	érzi	（名）	son
39. 野外	yěwài	（名）	open country; open field
40. 以为	yǐwéi	（动）	think; consider

41. 射	shè	（动）	shoot; fire
42. 赔	péi	（动）	compensate
43. 只	zhī	（量）	used to the one thing of a pair or couple
44. 从此	cóngcǐ	（连）	from now on
45. 马虎	mǎhu	（形）	careless
46. 细心	xìxīn	（形）	careful

四 语言点 Language points

（一）基本句 Basic sentence patterns

把字句 “把”-sentence

由介词“把”及其宾语做状语的动词谓语句叫把字句。把字句表示对确定的人或事物实行相应的动作，并说明动作产生的影响或结果。

Prepositional phrase composed of “把” used as adverbial, the predicate verbal sentence is called “把” sentence. “把” sentence indicates a related action is practiced to a certain people or a certain thing and illustrates the effect and the result of the action.

第一，表达某一确定事物（“把”的宾语）通过动作而发生位置的移动、关系的转移、形态的变化时一般用把字句，这时动词后一般有“在”、“到”、“给”、“成”等结果补语。例如：

When we formulate the change of position, relation or a state due to an action, we usually use “把”-sentence and the words of complement of result like “在”、“到”、“给” or “成” are often used after the verb. For example:

(1) 他把词典放到书包里了。

(2) 我们把作业交给老师了。

(3) 老师把这篇课文翻译成汉语了。

第二，表示某一确定事物通过动作而发生了某种变化，产生了某种结果，一般使用把字句。例如：

When we illustrate the change or the result of a certain thing or event due to an action, we usually use “把”-sentence. For example:

(4) 他把女朋友送回家了。

(5) 玛丽亚把衣服洗得干干净净。

(6) 他把这个好消息告诉了大家。

(7) 我想把房间好好儿收拾一下儿。

▲ 用把字句必须注意：

When “把”-sentence is used, we must pay attention to:

(1) 动词必须是及物动词，能够对宾语产生某种影响。例如：

The verb must be a transitive verb which can bring a certain effect to the object. For example:

我把这些生词记住了。(×我把这些生词知道了。)

(2) 动词的宾语必须是确定的。例如：

The object of the verb must be affirmatory. For example:

请你把那张机票给我。(×请你把一张机票给我。)

(3) 动词不能是孤立的，后面必须带有其他成分。例如：

The verb must be followed by the other elements. For example:

我把东西准备好了。(×我把东西准备。)

(4) 否定副词或助动词应放在“把”的前边，不能放在动词的前边。例如：

The negative adverbial or auxiliary verb must be used before “把”, and can not be used before the verb. For example:

我没把词典送给她。(×我把词典没送给她。)

五 操练与交际 Practice and communication

(一) 语音 Phonetics

1. 辨音辨调 Distinguish initials, finals and tones

hùtóu（户头）	zhīpiào（支票）
kǔtóu（苦头）	zhǐbiāo（指标）
huóqī（活期）	gǎnjǐn（赶紧）
huǒqì（火气）	gànjǐng（干警）
cóngqián（从前）	guānchá（观察）
cún qián（存钱）	guāncè（观测）
zǐxì（仔细）	cóngcǐ（从此）
zìxí（自习）	chóngzi（虫子）
xìxīn（细心）	pīpíng（批评）
xīxīn（悉心）	bǐpīn（比拼）

2. 多音节连读 Read the following multiple syllables in succession

yínhángkǎ（银行卡）	yíngyèyuán（营业员）
xìnyòngkǎ（信用卡）	fúwùyuán（服务员）
hèniánkǎ（贺年卡）	gōngwùyuán（公务员）
chōngzhíkǎ（充值卡）	lièchēyuán（列车员）
shūrù mìmǎ（输入密码）	lǚxíng zhīpiào（旅行支票）
shūrù Hànzì（输入汉字）	kōngtóu zhīpiào（空头支票）
shūrù xìnxī（输入信息）	xiànjīn zhīpiào（现金支票）
shūrù shùzì（输入数字）	zhuǎnzhàng zhīpiào（转账支票）

（二）朗读下列短语 Read the following phrases aloud

把信寄出去	把苹果吃了	把书给我	把窗户打开
把书拿出来	把钱包丢了	把本子给老师	把电视关掉
把包裹取回来	把啤酒喝了	把手机递给他	把照相机弄坏了
把桌子搬进去	把这件事忘了	把书还给图书馆	把书翻到 202 页

（三）从本课生词表中选择恰当的词语填空

Fill in the blanks with the words in the vocabulary of this lesson

1. 你好，我想开个________，把这张旅行支票存了。
2. 请在这里________一下您的姓名和国籍。
3. 老王最近身体不太好，他爱人让他________到医院检查身体。
4. 请输入您的________。
5. 你怎么把“太”写成了“大”？真是个________。
6. 对不起，我把你的词典弄________了，我________你一本吧。
7. 这姐妹俩真有意思，姐姐是个马大哈，妹妹却非常________。
8. 他观察得特别________，所以画的马像真的一样。
9. 这个孩子的嘴________得特别像爸爸。
10. 这么长时间没见到安志永，我________他回国了呢。
11. 老虎把那匹马________死了。
12. 妈妈，别________我了，我已经知道自己做错了。
13. 小王做事非常________，这件事让他负责肯定没问题。
14. 这位老人常常________起年轻时的生活。
15. 把口袋里的东西都________出来，好好儿找找。
16. 生日的时候，朋友送给我一________山水画儿，我一直把它挂在墙上。
17. 小姐，请您把包________在服务台，不能带包进超市。

18. 我的钱包不见了，可能是________偷走了。

19. 服务员，请________！

20. 你怎么不________牙洗脸就吃早饭？

(四) 用下列生词组成短语

Make phrases by using the following words

1. 递______	2. 存______	3. 填______
4. 回忆______	5. 翻______	6. 掏______
7. 刷______	8. 赶紧______	9. 长得______
10. 认真地______	10. 咬______	11. 批评______

(五) 替换 Substitutions

1

这件礼物送给爱米
银行卡的密码改一下
那几本书还回去
电脑卖了
妹妹送到飞机场

我想把这些旅行支票都存了。

2

这些东西送给419房间的山本
桌子搬到旁边的教室
这儿打扫干净
书翻到第15课
手机关掉

请把您的护照拿好。

3

这个秘密	告诉她
照相机借给	李小兰
你的手机	弄坏
昨天的作业	写完
电影票	送给别人

我没把那本书还给图书馆。

4

衣服挂在外边	下雨了
电脑修好	又坏了
钱存到银行	要用了
车擦干净	弄脏了
作业写完	找不着了

真倒霉，今天上午刚把银行卡取回来，下午就不小心丢了。

(六) 完成句子 Complete the following sentences

1. 那个小伙子把车________________。
2. 我已经把那本小说________________。
3. 你今天去银行把钱________________。
4. 请把这张桌子搬________________。
5. 请大家把今天学习的内容________________。
6. 请你把书包________________。
7. 谁把我的眼镜________________？

(七) 把括号里的词语加在适当的位置上

Put the words in the brackets to the appropriate place.

1. 他还 A 把我的车 B 修好呢，我们 C 坐公共汽车 D 去吧。 （没）
2. A 我 B 把这件事 C 告诉大卫，你也别 D 告诉他，好吗？ （不想）

3. A 你今天 B 把这本书 C 看完吗？明天我想 D 还给图书馆。　（能）

4. A 我 B 不知道 C 才能把这些生词记住，请你 D 帮帮我。　（怎么样）

5. 我 A 想 B 今天的课文再复习一下，C 有的地方 D 我还不太懂。　（把）

（八）把下列句子改写成把字句

Rewrite the following sentences by using 把 sentence.

1. 我洗完了衣服。

____

2. 玛丽亚没做完作业。

____

3. 照片我已经寄回去了。

____

4. 他带来了照相机。

____

5. 请你关上窗户，好吗？

____

6. 我们要搞好国家的经济。

____

（九）把下列肯定句改成否定句

Change the following sentences into negative ones.

1. 他把那张画儿挂在墙上了。

____

2. 我把你的词典放在书架上了。

____

3. 大卫把桌子搬到宿舍外边去了。

____

4. 我已经把作业本交给老师了。

____

5. 山本把那些日元都换成人民币了。

____

6. 我想把那本新书送给朋友。

____

(十) 改错 Correct the mistakes in the following sentences

1. 请你把一本小说借给我看看。

____

2. 我以前没有把汉语学学。

____

3. 他昨天太累了，把作业没写完就睡了。

____

4. 你把这件事情千万别告诉别人。

____

5. 你把这本中文杂志可以借回家看。

____

6. 来中国以前我没把饺子吃过。

____

7. 你放心吧，我肯定能把这个照相机修。

____

8. 谁把我的录音机弄了？

____

9. 我用了三天的时间翻译这篇课文成英文。

____

(十一) 完成会话 Complete the following dialogue

（爱米的银行卡丢了，高桥陪爱米一起去银行挂失）

爱　米：你好，我______________________________。

营业员：别着急，请你先把这张单子填一下。

爱　米：________________________________，给你。

营业员：请把护照给我……这样就可以了。

爱　米：谢谢。

高　桥：办完了？

爱　米：嗯，办完了，希望小偷还没有把我的钱____________________。

高　桥：你以后________________。

爱　米：是啊。吃一堑（qiàn），长一智（zhì）。(A fall into a pit, a gain in your wit)

(十二) 功能练习 Functional practice

根据下列情景用把字句表达自己的想法。

Use "把"-sentence to express your idea according to the following situation.

1. 教室里有点儿冷，你想请同学关上窗。
2. 老师在黑板上写的字太小了，你看不清楚。
3. 你去银行换钱，营业员问你换什么钱。
4. 你的同学去图书馆，你想请他帮你还两本书。
5. 你弄坏了朋友的录音机，你要告诉朋友。

(十三) 阅读 Reading comprehension

马和老虎

从前，有个人叫张三，他很喜欢画画儿。可是，他画画儿的时候从来不认真地观察想画的东西，总是觉得差不多就行了。有一天，张三正在家里画老虎，一个朋友来请他画一匹马，他想了一下，就在画好的虎头下边又画了马的身体。朋友觉得奇怪，问："你画的是老虎还是马啊？"张三回答："马跟老虎本来就长得差不多嘛！"请他画马的人生气地回家了。张三自己越看越喜欢这幅画，就把它挂在墙上。

张三的大儿子问他："爸爸，你画的是什么动物呀？"他告诉大儿子："是马。"第二天，小儿子进来看画儿，问他："爸爸，那幅画儿画的是什么呀？"他看了看墙上的画儿，说："是老虎。"

后来，张三的小儿子在野外见到了一匹马，以为是虎，把马射死了，只好赔给马的主人很多钱；大儿子在山上碰到了一只老虎，以为是马，要去骑它，没想到老虎把他咬死了。

从此，"马虎"就用来批评做事不细心的人了，不过读音发生了变化，"虎"读作轻声：mǎhu。比如，写作业的时候，你可能会不小心把"午"写成"牛"。这时候，你的老师也许会说："以后别这么马虎了。"

1. 根据短文连线 Link the following collocations by lines according to the passage above

认真	老虎
做事	别人
碰到	很多钱
批评	一匹马
射死	细心
赔了	观察

2. 读后判断对错　Judge if the following sentences are right after reading the passage above

(1) 张三画的老虎身体很像马。　(　　)

(2) 朋友喜欢张三画的马。　(　　)

(3) 张三的小儿子以前没有见过老虎。　(　　)

(4) 老虎咬死了张三的大儿子。　(　　)

(5) 这个故事主要告诉我们马和虎长得不一样。　(　　)

(十四) 语言交际　Language communication

1. 自由表达　Free talk

你是马大哈吗？请谈谈你因为马虎做错事情的经历。

Are you careless? Tell us your experience of doing something wrong because of your careless.

2. 完成任务　Fulfill the following tasks

询问你的中国朋友，买东西的时候，喜欢用现金还是喜欢刷卡，填写下表。

Fill in the following chart by interviewing a Chinese friend if she or he likes to use a card or money in cash when she or he does some shopping.

	年龄	职业	喜欢用现金	喜欢刷卡	原因
A					
B					
C					
D					

第 7 课
Lesson
7

没想到你也是个"成龙迷"

Oh, you are really a fan of "Jackie Chan"

一 课 文 Text

(一) 在音像店门口

(金美英从学校门口的音像店出来，遇到了大卫和田中)

金美英：你们去哪儿了？

田　中：我们刚从电影院回来。

金美英：看中国电影吗？

大　卫：那当然！在电影院看，感觉就是不一样。

田　中：对，以后我会经常去。

金美英：你们看的什么电影？

田　中：香港演员成龙主演的功夫片儿，最近刚刚上映。

大　卫：（一边比画一边说）中国功夫实在是太棒了！真想再看一遍。

（金美英举起手里的电影光盘）

金美英：看，成龙的电影，我刚买的。

大　卫：没想到你也是个"成龙迷"。

金美英：成龙电影的光盘，我几乎都有。

田　中：我还以为女孩子不喜欢打打杀杀的电影呢。

金美英：成龙的电影故事曲折有趣，不像枪战片儿那么可怕，男女老少都喜欢看。不过我对爱情片儿更感兴趣。

大　卫：你们女孩子就是喜欢浪漫。

（二）在宿舍门口

（安志永敲门，半天没人答应，正要走的时候，金美英开门）

安志永：原来你在家啊。

金美英：不好意思，刚才没听见敲门，快请进。

安志永：你又一个人躲在房间里看DVD？

金美英：这个电影我特别喜欢，所以再欣赏一遍。

安志永：你真是个电影迷。

金美英：对了，你找我有什么事吗？

安志永：朋友刚送我两张电影票，说是部大片儿，特刺激，你有没有兴趣？

金美英：好啊，什么时候？

安志永：今晚七点半，现在已经快七点了。

金美英：啊，要来不及了，咱们赶紧出发吧。

安志永：怎么一听到出去看电影立刻来了精神？你不看DVD了？

金美英：没关系，DVD什么时候都能看，而且还可以反复看，电影院可不行。

安志永：那我们就快走吧。

二 常用句 Useful sentences

1. 那当然！
2. 感觉就是不一样。
3. 中国功夫实在是太棒了！
4. 听说是部大片儿，特刺激。

三 生词 New words

1. 音像	yīnxiàng	（名）	phonetape and videotape
2. 经常	jīngcháng	（副、形）	frequently; constantly
3. 主演	zhǔyǎn	（动）	leading performer
4. 刚刚	gānggāng	（副）	a moment ago; just now
5. 上映	shàngyìng	（动）	show（a film）
6. 比画	bǐhua	（动）	gesticulate
7. 功夫	gōngfu	（名）	skill; art (esp. martial arts)
8. 片儿	piānr	（名）	photo; film
9. 棒	bàng	（形）	good; excellent
10. 举	jǔ	（动）	raise; lift; hold up
11. 光盘	guāngpán	（名）	optical disk
12. 几乎	jīhū	（副）	almost; nearly
13. 杀	shā	（动）	kill
14. 曲折	qūzhé	（形）	complicated
15. 枪战	qiāngzhàn	（名）	gunfight
16. 老	lǎo	（形）	old
17. 少	shào	（形）	young
18. 爱情	àiqíng	（名）	love (between man and woman)
19. 感兴趣	gǎn xìngqù		be interested in

20. 敲	qiāo	（动）	knock; strike
21. 答应	dāyìng	（动）	answer; concent
22. 原来	yuánlái	（副）	indicate seeing suddenly the light
23. 躲	duǒ	（动）	hide (oneself)
24. 欣赏	xīnshǎng	（动）	appreciate
25. 遍	biàn	（量、形）	measure word (time); everywhere
26. 部	bù	（量）	measure word for books, films etc.
27. 大片儿	dàpiānr	（名）	great film
28. 特	tè	（副）	very; especially
29. 刺激	cìjī	（动）	stimulus
30. 来不及	láibují		there is not enough time for ...; it is too late to ...
31. 立刻	lìkè	（副）	immediately
32. 精神	jīngshen	（名）	spirit
33. 反复	fǎnfù	（副）	repeatedly; again and again
34. 立即	lìjí	（副）	immediately
35. 不断	búduàn	（副）	unceasingly; continuously
36. 生气	shēng qì		get angry
37. 拍	pāi	（动）	clap; take pictures
38. 满	mǎn	（形）	full
39. 特价	tèjià	（名）	special offer; special price
40. 开演	kāiyǎn	（动）	(of a play, movie etc.) begin
41. 排	pái	（动）	arrange

42. 冰淇淋	bīngqílín	（名）	ice cream
43. 爆米花儿	bàomǐhuār	（名）	popcorn
44. 座位	zuòwèi	（名）	seat
45. 手势	shǒushì	（名）	gesture
46. 声音	shēngyīn	（名）	voice; sound
47. 礼貌	lǐmào	（名）	courtesy; polite
48. 唉	ài	（叹）	alas

专名 Proper nouns

成龙	Chéng Lóng	Jackie Chan, an actor of Hongkong

四 语言点 Language points

（一）基本句 Basic sentence patterns

可能补语（2） The complement of possibility（2）

表示有没有某种能力或能不能经受住。句式：

This structure indicates wether one has the ability to do something or be able to take it. Sentence structure:

动词 + 得 / 不 + 起

（1）我们是学生，买不起这么贵的衣服。

（2）天天去饭店，你吃得起吗？

(二) 词语用法 Usages of words and phrases

1. 几乎

作副词。将近于；接近于。例如：

“几乎”, an adverb, means almost or nearly. For example:

(1) 这些生词我几乎都学过。

(2) 今天来报名的几乎有五六百人。

表示某种事情接近实现或勉强实现。例如：

“几乎”, an adverb, is used to indicate that something is close to or scarcely being achieved. For example:

(3) 如果不是你来电话，我几乎睡着了。

(4) 昨天的考试很难，我几乎没答完。

2. 原来

副词。发现了真实的情况，含有忽然明白的意思。例如：

“原来”, an adverb, is used to indicate that one has found the real thing with the meaning of a sudden understanding. For example:

(1) 原来山本回国了，怪不得好久没看见他了。

(2) 我以为是谁呢，原来是你啊。

3. 遍

作量词。表示动作从开始到结束的整个过程。例如：

“遍”, a measure word, is used to indicate the entire process of an action from very beginning to the end. For example:

(1) 这个电影我已经看过三遍了。

(2) 我去过两次北京。(×我去过两遍北京。)

作形容词。表示动作的范围，“全”、“全面”的意思。例如：

“遍”, an adjective, is used to indicate the extension of an action with the meaning of “全” or “全面”. For example:

(3) 我把房间都找遍了，也没找到手机。

(4) 他用了半年的时间，游遍了中国的山山水水。

4. 来不及

“来不及”指因时间短，无法顾到或赶上。肯定式是“来得及”。后面只能带动词。例如：

“来不及” is used to indicate the time is too short to do something. The positive form is “来得及” and only verbs can be used after them. For example:

(1) 今天太晚了，来不及通知他了。

(2) 快点儿走吧，不然就来不及了。

(3) 明天就比赛了，还来得及准备吗？

(4) 现在去也来得及。

五 操练与交际 Practice and communication

(一) 语音 Phonetics

1. 辨音辨调 Distinguish initials, finals and tones

zhǔyǎn（主演）	shàngyìng（上映）
chūyǎn（出演）	shàng yǐn（上瘾）
bǐhua（比画）	jíqí（极其）
bǐhuà（笔画）	jīqì（机器）
gōngfu（功夫）	qiāngzhàn（枪战）
kōngfù（空腹）	qiǎngzhàn（抢占）
jīngcháng（经常）	lìkè（立刻）
qīngchàng（清唱）	lǐkē（理科）

lìjí（立即）

lǐyí（礼仪）

shǒushì（手势）

shōushi（收拾）

2. 多音节连读 Read the following multiple syllables in succession

tèjiàpiào（特价票）	diànyǐngmí（电影迷）
dǎzhépiào（打折票）	zúqiúmí（足球迷）
yōuhuìpiào（优惠票）	yīnyuèmí（音乐迷）
xuéshēngpiào（学生票）	jīngjùmí（京剧迷）
Xiānggǎng yǎnyuán（香港演员）	qiāngzhànpiānr（枪战片儿）
Táiwān yǎnyuán（台湾演员）	àiqíngpiānr（爱情片儿）
Hánguó yǎnyuán（韩国演员）	kǒngbùpiānr（恐怖片儿）
Rìběn yǎnyuán（日本演员）	hèsuìpiānr（贺岁片儿）

（二）朗读下列短语 Read the following phrases aloud

找遍了	原来你生病了	特曲折
看遍了	原来你回国了	特刺激
翻遍了	原来你在这儿	特漂亮
听遍了	原来你没听懂	特便宜
反复看	立即出发	不断学习
反复听	立即决定	不断批评
反复练习	立刻回家	不断努力
反复欣赏	立刻开始	不断地感谢

（三）从本课生词表中选择恰当的词语填空

Fill in the blanks with the words in the vocabulary of this lesson

1. 怪不得最近没见到他，________他回国了。

2. 你昨天看的电影是谁________的？

3. 大卫特别喜欢中国________，他现在每天跟老师学习太极拳。

4. 通过________练习，我终于记住了这个汉字的用法。

5. 这篇课文太难了，我读了三________还是不太明白。

6. 刚才我好像听到有人________门。

7. 如果你今天不________我的要求，我就不走了。

8. 全校的同学________都参加了昨天的晚会。

9. 听说学校门口的商场打折，东西全都是________。

10. 一些年轻人对京剧不________，觉得京剧的节奏太慢了。

11. 看见有人来了，孩子赶紧________在妈妈后边。

12. 李小兰，你妈妈打电话来让你________回家。

13. 金美英，你怎么了？这么没________？是不是生病了？

14. 今天买票的人特别多，我________了半个小时队才买到。

15. 春天到了，公园里开________了各种鲜花，漂亮极了。

16. 爸爸生气地________了一下桌子，大声说："你必须去！"

17. 小王给我做了个________，让我到他那儿去。

18. 他几乎走________了这个城市的每一个地方。

19. 成龙主演的那部新电影下周________。

20. 我和山本周末________去电影院看电影。

(四) 用下列生词组成短语

Make phrases by using the following words

1. 刚刚______	2. 举______	3. 对______感兴趣
4. 敲______	5. 躲______	6. 欣赏______
7. 拍______	8. ______了一遍	9. ______满

(五) 替换 Substitutions

1

昨天的京剧表演	美
那部电影	有趣
周日的足球比赛	刺激
你借给我的小说	有意思
这个电视剧内容	曲折

中国功夫实在是太棒了！真想再看一遍。

2

没想到你也是个“成龙迷”。

书迷
网球迷
足球迷
京剧迷
电影迷

3

成龙电影的光盘，我几乎都有。

中国的名胜古迹	去过
他主演的电影	看过
这本书的内容	记住了
这些小吃	尝过
老师留的作业	写完了

4

历史小说
欣赏京剧
跟你一起打网球
学习做中国菜
那里的传说

不过我对爱情片儿更感兴趣。

(六) 完成句子 Complete the following sentences

1. 怪不得你不愿意跟我一起去呢，原来______________________。
2. 怪不得他这么早就到学校来，原来______________________。
3. 原来你在这里，______________________。
4. 原来你早就知道这件事了，______________________。
5. 原来他们俩在谈恋爱，______________________。
6. 晚会 7 点开始，______________________。（来得及）
7. 快起床吧，______________________。（来不及）
8. 这个宾馆一晚上要 800 块，______________________
______________________。（动词 + 得 / 不 + 起）
9. 我们坐火车去吧，______________________
______________________。（动词 + 得 / 不 + 起）
10. 现在汽车越来越便宜，______________________
______________________。（动词 + 得 / 不 + 起）

(七) 完成会话 Complete the following dialogue

（大卫和山本一起去电影院看电影）

大　卫：我要两张票。
售票员：看什么电影？哪一场的？
大　卫：______________，______________。
售票员：一共______________。
大　卫：怎么这么便宜？
山　本：那边写着：星期二，全场特价。
大　卫：还有十分钟开演，我们______________。
山　本：那边有卖______________的，我们要不要买一点儿？
大　卫：______________。
山　本：时间到了，______________。
大　卫：好的。

（看完电影，大卫和山本走出电影院）

山　本：这部电影________________。

大　卫：是啊，尤其是________________。

山　本：在电影院里看电影________________。

大　卫：我也这么想，我们下次________________。

山　本：好，一言为定！

（八）选词填空　Fill the blanks with the words or phrases below

遍　次　本来　原来　经常　常常　刚才　刚刚

1. 上个学期安志永上课______迟到，这个学期他总是第一个到教室。
2. 老师，这一课的录音我听了两______，还是没听懂。
3. 张老师，______有人打电话找你。
4. 怪不得她汉语说得那么流利，______她是中国人啊。
5. 我给你打了三______电话，你怎么没接？
6. 我______知道这个消息。
7. 我找______了房间，也没找到那本杂志。
8. 你的身体不好，______就不应该喝这么多酒。
9. 听说在那里，小伙子通过唱歌找女朋友是______的事儿。

（九）功能会话　Functional communications

1．推测　Conjecture

A：电影几点开演？

B：七点一刻。时间快到了，他怎么还不来？

A：是不是忘了？

B：应该不会。啊，你看，他来了。

2. 询问 Enquiry

A：你看过中国电影吗？

B：看过。

A：在电影院看的吗？

B：不是，我买了 DVD 光盘在房间里看。

A：为什么不去电影院？效果比 DVD 好多了。

B：电影票这么贵，经常看，也看不起啊。

A：是啊，光盘可以反复看，不用再花钱。

3. 评论 Commentary

A：你喜欢这个女演员吗？

B：不喜欢，她太坏了。

A：她做什么坏事了？

B：你看，她在电影里几乎都是演坏人。

A：啊？我觉得她演得非常好。

（十）根据实际情况回答问题 Answer the following questions

1. 你看过中国电影吗？
2. 在你们国家，你常常去电影院看电影吗？
3. 在你们国家，电影票贵吗？
4. 你喜欢看什么样的电影？
5. 你最喜欢的电影明星是谁？你为什么喜欢他（/她）？
6. 你喜欢买电影光盘吗？

（十一）阅读 Reading comprehension

真没办法

听说最近电影院正上映一部新电影，是成龙主演的。我和大卫都很喜欢成龙，就决定一起去看。

我跟大卫排了半天队才买到票。我问售票员："今天不是周末，来看电影的人怎么这么多？"售票员奇怪地看着我说："你不知道吗？每个星期二，电影票都半价。"我低头看了看手里的票，上边写着：周二特价票15元。原来是这样。回头看了看排队买票的人，大部分都是年轻人。

电影十分钟以后开演，我和大卫等了一会儿。看到很多年轻人手里拿着冰淇淋和爆米花儿，我们也买了一点儿。看看时间快到了，就立即走进电影厅。

我们很快找到了自己的座位。一会儿，电影厅里就坐满了人。电影开演了，非常有意思，可是坐在我们前边的两个年轻人总是不断地说话。我拍了拍他们的椅子，做了个手势，提醒他们不要说了。

过了一会儿，他们又开始说话，而且声音越来越大。我有点儿生气了，就对他们说："我听不清楚了！"其中一位回头看了看我："听别人谈话是不礼貌的！"

我不知道说什么好，唉，真没办法，回去买张DVD，再好好看一遍吧。

读后选择正确答案
Read and then choose the correct answers

1. 那天的电影票为什么比平时便宜？
   A. 看电影的都是年轻人
   B. 来看电影的人很少
   C. 那天上映的是新电影
   D. 星期二的电影票是特价

2. "我"和大卫在电影院里 ________。
   A. 买了可口可乐
   B. 碰到两个不断说话的年轻人
   C. 看到了很多老人
   D. 买了一张DVD光盘

3. “我”为什么想买一张这部电影的DVD光盘？

A. 因为电影太有意思了，我想再看一遍

B. 因为“我”喜欢在房间里自己一个人看DVD

C. 因为电影院里有人说话，“我”不能好好看电影

D. 因为DVD光盘比电影票便宜

(十二) 语言交际 Language communication

1. 自由表达 Free talk

谈谈你最喜欢的一部中国电影。

Talk something about a Chinese film you like most.

2. 完成任务 Fulfill the following tasks

跟你的朋友一起去附近的电影院看一场电影，了解以下内容，回来给大家介绍：

Get the following information by seeing a film with your friend in cinema nearby and tell your classmates afterwards.

(1) 电影票多少钱？中国人觉得电影票贵吗？

(2) 看电影的人多吗？都是什么样的人呢？

(3) 中国人喜欢看什么样的电影？

(4) 你对中国电影院的印象怎么样？

第8课 Lesson 8

不虚此行

A wonderful trip

一 课 文 Text

(一) 在图书馆门前

(大卫和爱米聊天儿)

爱　米：大卫，好久不见了！

大　卫：我跟哥哥去四川旅游了。

爱　米：怎么样？有意思吗？

大　卫：四个字："不虚此行"。

爱　米：快跟我说说，都去了哪些地方？有什么感想？

大　卫：峨眉山和九寨沟到处都是优美的自然风光。只有到了那儿，你才会明白什么叫山清水秀。

爱　米：真想亲眼看看。自从来到中国，我还没去过别的地方呢。

大　卫：有机会应该到处走一走，看一看，游览一下中国的名山大川，旅游也是留学生活的一部分嘛。

（二）在宿舍

（在大卫的宿舍，金美英和高桥看大卫拍的照片）

金美英：风景太迷人了！……这些猴子真可爱！听说峨眉山的猴子很聪明，是真的吗？

大　卫：是的。看这张，我喂了它们很多好吃的，所以它们都愿意跟我合影。

高　桥：（指着一张照片）这是乐山大佛吗？这么大！

大　卫：是呀，听说这座大佛是世界上最大的，你看，仅仅一个脚趾上就能站好几个人呢。

（大卫从照片中找出几张递给金美英和高桥）

大　卫：除了参观游览以外，我还在成都吃到了正宗的川菜。

高　桥：咱们这儿不是也有川菜吗？

大　卫：比这儿的味道浓多了，麻、辣、香！看，这些都是四川小吃。

金美英：种类真多，我的口水都要流下来了。

大　卫：不过由于太辣了，有些游客不敢吃。

金美英：我不怕辣，有机会一定要去尝一尝。

大　卫：哦，对了，这是给你们带的四川特产。

高　桥：谢谢。再放假，我们就去四川，对吧？美英。

金美英：没错儿。

二　常用句　Useful sentences

1. 怎么样？有意思吗？
2. 都去了哪些地方？
3. 咱们这儿不是也有川菜吗？
4. 这是给你们带的四川特产。

三 生 词 New words

1. 不虚此行	bù xū cǐ xíng		a worthy trip
2. 感想	gǎnxiǎng	（名）	reflections; thoughts
3. 到处	dàochù	（名）	at all places; everywhere
4. 自然	zìrán	（名、形）	nature; natural
5. 风光	fēngguāng	（名）	scene; view; sight
6. 只有	zhǐyǒu	（连）	only; mere
7. 山清水秀	shān qīng shuǐ xiù		picturesque scenery
8. 亲眼	qīnyǎn	（副）	with one's own eyes
9. 自从	zìcóng	（介）	since; from
10. 名山大川	míng shān dà chuān		famous mountains and rivers
11. 猴子	hóuzi	（名）	monkey
12. 可爱	kě'ài	（形）	cute; lovely
13. 聪明	cōngming	（形）	clever; intelligent
14. 喂	wèi	（动）	feed
15. 它们	tāmen	（代）	they
16. 合影	héyǐng	（动、名）	joint photo; group photo
17. 仅仅	jǐnjǐn	（副）	only
18. 脚趾	jiǎozhǐ	（名）	toe
19. 正宗	zhèngzōng	（形）	genuine
20. 川菜	chuāncài	（名）	Sichuan cuisine

21. 口水	kǒushuǐ	（名）	saliva
22. 流	liú	（动）	flow
23. 由于	yóuyú	（连、介）	because; due to
24. 有些	yǒuxiē	（代、副）	some；in some degree
25. 游客	yóukè	（名）	sightseer; tourist
26. 特产	tèchǎn	（名）	special local product
27. 变	biàn	（动）	change
28. 热乎乎	rèhūhū	（形）	warm
29. 面积	miànjī	（名）	area
30. 腿	tuǐ	（名）	leg
31. 伸	shēn	（动）	stretch; extend
32. 身高	shēngāo	（名）	(a person's) height
33. 乘坐	chéngzuò	（动）	take a ride (in a car, ship etc.)
34. 各种各样	gè zhǒng gè yàng		all kinds of
35. 量	liáng	（动）	measure
36. 打招呼	dǎ zhāohu		say hello
37. 工具	gōngjù	（名）	tool
38. 轿子	jiàozi	（名）	sedan chair; palanquin
39. 卧铺	wòpù	（名）	sleeper; sleeping berth
40. 瘦	shòu	（形）	thin
41. 空间	kōngjiān	（名）	space
42. 胖	pàng	（形）	fat

43. 躺	tǎng	（动）	lie
44. 直	zhí	（形）	straight
45. 儿童	értóng	（名）	child
46. 线	xiàn	（名）	thread; line
47. 扑克	pūkè	（名）	poker
48. 联欢会	liánhuānhuì	（名）	have a get together
49. 乘客	chéngkè	（名）	passenger

专名 Proper nouns

1. 四川	Sìchuān	Sichuan province
2. 峨眉山	Éméi Shān	Emei mountain
3. 九寨沟	Jiǔzhài Gōu	name of a place
4. 乐山大佛	Lèshān Dàfó	a huge figure of Buddha in Leshan
5. 成都	Chéngdū	the capital city of Sichuan province

四 语言点 Language points

(一)基本句 Basic sentence patterns

1. 只有……，才…… The structure of "只有……，才……"

条件复句之一。表示必要的条件。"只有"后边的条件是唯一有效的，没有它，不可能有后面的结果。例如：

"只有……，才……" is used in a complex sentence of condion. It indicates the essential condition. The condition after 只有 is the only effective condition, without which there won't be the following result. For example:

(1) 只有吃这种药，你的病才能好。

(2) 只有你去请他，他才会来。

2. 由于…… The structure of "由于……"

作介词。跟名词或动词短语等组成介词结构，表示原因。例如：

"由于……", a preposition, composed a prepositional phrase with a noun phrase or a verb phrase, indicates the causation. For example:

(1) 由于这件事，领导批评了他。

(2) 由于吃了太多的海鲜，他肚子不舒服。

作连词。用在因果复句的前一分句里表示原因，后一分句说明结果。多用于书面。例如：

"由于……", a conjunction, is used to connect two clauses of cause and effect, in which the first clause indicates the reason, and the other indicates the result. It is often used in written Chinese. For example:

(3) 他由于工作太忙，所以不能常常回家看妈妈。

(4) 由于他热心帮助朋友，大家都很喜欢他。

(二) 词语用法 Usages of words and phrases

1. 到处

名词。各处；处处。例如：

"到处", a noun, same as "各处" or "处处", means everywhere, here and there, or far and near. For example:

(1) 星期天公园里到处都是人。

(2) 我到处找也没找到他。

2. 自从

介词。指过去时间的起点。常跟"以来"、"以后"搭配。例如：

"自从", a preposition, indicates after some point in the past; at a subsequent time and is often followed by "以来" or "以后". For example:

(1) 自从参加工作，我常常给家里寄钱。

(2) 自从我经商以后，生活越来越好了。

3. 仅仅

副词。限制范围和数量。例如：

“仅仅”, an adverb, indicates the limitation and restriction. For example:

(1) 他仅仅学过两个月汉语。

(2) 仅仅这些水果就花了 100 多块。

4. 有些

作代词。指人或事物整体中的一部分。例如：

“有些”，a pronoun, indicates part of people or part of a whole thing. For example:

(1) 有些人在操场踢足球呢。

(2) 有些问题比较容易，有些问题比较难。

作副词。表示程度不高。例如：

“有些”，an adverb, indicates the degree which is not very high. For example:

(3) 工作了一天，他觉得有些累。

五 操练与交际 Practice and communication

(一) 语音 Phonetics

1. 辨音辨调 Distinguish initials, finals and tones

Lè Shān (乐山)	zìrán (自然)
rèshēn (热身)	jìrán (既然)

héyǐng（合影）
héyíng（合营）

zìcóng（自从）
jìchéng（继承）

Sìchuān（四川）
xíjuǎn（席卷）

jiǎozhǐ（脚趾）
jiǎozhì（矫治）

chuāncài（川菜）
suāncài（酸菜）

dàochù（到处）
táoshù（桃树）

2. 多音节连读 Read the following multiple syllables in succession

wèi hóuzi（喂猴子）
wèi lǎohǔ（喂老虎）
wèi dàxiàng（喂大象）
wèi xióngmāo（喂熊猫）

zuò jiàozi（坐轿子）
zuò huǒchē（坐火车）
zuò qìchē（坐汽车）
zuò fēijī（坐飞机）

dǎ wǎngqiú（打网球）
dǎ pūkè（打扑克）
dǎ diànhuà（打电话）
dǎ zhāohu（打招呼）

Sìchuān tèchǎn（四川特产）
Běijīng tèchǎn（北京特产）
Shāndōng tèchǎn（山东特产）
Yúnnán tèchǎn（云南特产）

（二）朗读 Read aloud

1. 朗读下列短语 Read the following phrases aloud

大自然
自然风光
自然就学会了
有点儿不自然

到处都有
到处去旅游
到处都是
到处开满鲜花

跟你合影
跟朋友合影
跟父母合影
跟大家合影

变冷了
变大了
变短了
变漂亮了

热乎乎的茶
热乎乎的饺子
手热乎乎的
心里热乎乎的

2. 朗读下列句子，注意语调

Read the following sentences and pay attention to the tones

怎么样？有意思吗？

怎么样？有问题吗？

怎么样？有兴趣吗？

怎么样？有可能吗？

(三) 从本课生词表中选择恰当的词语填空

Fill in the blanks with the words in the vocabulary of this lesson

1. 看了这个电影，你有什么________？
2. 星期天，商场里________都是买东西的人。
3. 我________看见他把你的照相机摔坏了。
4. 我们是同屋，又是同学，很________就成了朋友。
5. 看，这是我跟朋友们的________，站在中间的就是李小兰。
6. 这个孩子既________又________，大家都很喜欢她。
7. 这首歌现在非常流行，每次________都有人唱。
8. 大卫踢足球的时候不小心摔伤了________。
9. 以前这里是一座山，现在________成了一条河。
10. 丁老师有两个儿子，老大又高又________，老二又小又________。
11. ________孩子们都大学毕业以后，老王就不像以前那么辛苦了。
12. 哥哥去云南出差，给我带回了那里的________。
13. 瓶子里装满了水，都快________出来了。
14. 中国人见面时常问“吃了吗”，其实是在跟你________。
15. ________原来的房间面积太小，我们只好搬到别的地方了。
16. 刚才他的腿没有伸________，麻烦你再给他________一下身高吧。
17. 对不起，我现在没有合适的________，修不了你的录音机。
18. 这个小商店虽然不大，但摆满了________的东西，要什么有什么。

19. 不要________在床上看书，这样对你的眼睛不好。

20. 妈妈端来一碗________的饺子，对我说："来，快吃吧。"

21. 这个孩子太小了，吃饭得妈妈________。

22. 听说身高不到 1.3 米的______坐公共汽车的时候不用买票。

（四）用下列生词组成短语

Make phrases by using the following words

1. 到处______	2. 自然______	3. 可爱的______
4. 正宗______	5. 有些______	6. ______特产
7. 流______	8. 乘坐______	9. 各种各样的______
10. 量______	11. 变成______	12. 热乎乎的______

（五）替换 Substitutions

1

怎么样？有意思吗？

看得懂

学会了

可以出发

好吃

写完了

2

只有到了那儿，你才会明白什么叫山清水秀。

考试都通过了	能毕业
多听多说多练习	能学好汉语
吃这种药	能把病治好
努力学习	能得到好成绩
亲眼见到	会相信他说的话

3

开始学习汉语	跟中国人聊过天儿
买了那件外套	见你穿过
考完试	给家里打过电话
买了手机	用中文发过短信
报了名	开始准备

自从来到中国，我还没去过别的地方呢。

4

去参观一下那个地方
到我家吃顿便饭
要去看一场京剧
给你介绍新朋友
跟你一起去旅游

有机会一定要去尝一尝。

(六) 完成句子 Complete the following sentences

1. 自从来到中国，________________。
2. 自从结婚以后，________________。
3. 自从跟女朋友分手，________________。
4. 由于________________，大卫得马上回国。
5. 由于________________，我的听力考试不及格。
6. 由于每天打网络游戏，________________。
7. 学外语，只有________________才能学好。
8. 只有________________，我们才能出发。
9. 只有到了 18 岁，________________。
10. 汉语不太难，只要努力，________________。
11. 只要你们愿意帮助他，________________。
12. 小李是个球迷，只要________________，他一定去。

(七) 改错 Correct the mistakes in the following sentences

1. 自从学校到中山公园走路 15 分钟就到了。

____

2. 从毕业，我们再也没有见过面。

____

3. 只有我亲眼看到，我就会相信。

____

4. 只要坚持锻炼，才能身体好。

____

5. 只要打个电话，就他们把票送来了。

____

6. 只要你高兴，做什么都我愿意。

____

7. 只有参加比赛的人可以才进去。

____

8. 爱米，有人在打招呼你呢。

____

(八) 功能会话 Functional Communications

1. 评论 Remark on

A：看，这是我去云南旅游时拍的照片。

B：真是风景如画啊。这些少数民族服装真漂亮。

A：那里的山美水美人更美，还有各种各样的小吃。我都不想回来了。

B：下次放假我也要去云南。

A：你一定会觉得“不虚此行”！

2. 客气 Courteous

A：老李，我从杭州给你带回来一件小礼物。

B：你来看我，我就很高兴了，还带什么礼物？

A：别客气，我们是老朋友了。

B：这多不好意思啊。

A：你打开看看。

B：啊，按摩器。谢谢。

3. 赠送 Donation

A：这把伞真漂亮！

B：你要是喜欢，就送给你吧，我还有一把。

A：啊？你不知道吗？不能送伞给朋友。

B：为什么？

A：汉语里“伞”和“散”同音，“散”有分开的意思。

B：哦，那你把伞还给我吧。我可不想跟你这个好朋友分开。

(九) 综合填空

Fill in the blanks according to the context of situation

有个外国人到巴黎（Bālí Paris）旅游，走进一__________饭店。服务员把菜单递给他。这个外国人不__________法语，又不__________意思说，就指着一行字，用英语说：“请给我一盘这个，这个最好__________。”

服务员非常奇__________地看了看他：“先生，这是我们__________板的名字。”

(十) 阅读 Reading comprehension

在中国坐火车

来中国后，我坐过各种各样的交通工具。有的我以前没见过，比如轿子，我坐过一次，有意思极了。但是给我印象最深的，是中国的火车。

我发现中国的火车跟美国不一样，很有特点。就拿卧铺来说吧，可能由于中国人都比较瘦吧，中国卧铺比外国卧铺的空间和面积要小得多。虽然我不太胖，可以躺在卧铺上，但是腿伸不直，很不舒服。

让我没想到的是中国的儿童票。西方是按儿童的年龄买票，父母得带着孩子的证件，非常麻烦。但是中国火车上两条量身高的线就能解决问题。

有意思的是中国人能在很短的时间里把火车变成一个家。大家互相打招呼，说说笑笑，打开自己的大包小包，拿出东西一块儿吃。有时候会发现，年轻人坐在一起，高兴地打扑克，喝啤酒，好像在举行自己的火车联欢会。

我很喜欢坐中国的火车，便宜、热闹。我特别喜欢火车上的一句话："热情为乘客服务，欢迎您下次乘坐。"看了觉得心里热乎乎的。

1. 根据短文连线 Link the following collocations by lines according to the passage above

交通	服务
印象	乘坐
火车	联欢会
举行	很深
热情	卧铺
欢迎	工具

2. 读后判断对错 Judge if the following sentences are right after reading the passage above

(1) 来中国以后，“我”常常坐火车。 ( )

(2) 中国火车的卧铺非常小，“我”只能坐着，不能躺。 ( )

(3) 中国的儿童坐火车时，父母不需要带孩子的证件。 ( )

(4) 中国人常常在火车上举行联欢会。 ( )

(5) “我”看了中国火车上的话，觉得很热。 ( )

（十一）语言交际 Language communication

1. 自由表达 Free talk

谈谈你的旅游经历。

Talk something about your experience of travelling.

2. 完成任务 Fulfill the following tasks

了解你的中国朋友假期时的旅游情况。

Interview your Chinese friend about his / her trip during the vacation.

(1) 一般计划花多少钱旅游？

(2) 喜欢去什么地方旅游？

(3) 自己去还是跟旅行团一起去？为什么？

我想去留学

I want to go abroad to study

第9课 Lesson 9

一 课 文 Text

(一) 在人工湖边

(爱米在等李小兰)

李小兰：对不起，我们迟到了。

爱　米：没关系，我也刚到。

李小兰：(对爱米) 这是我的高中同学陈宁，(对陈宁) 她就是爱米。

陈　宁：你好！

爱　米：你好！听说你打算去美国留学？

陈　宁：是啊。我想去国外看看。

李小兰：她正在准备申请材料，担心不符合要求，想请你帮忙看一下。

陈　宁：因为有的同学材料被退回来了，所以麻烦你……

爱　米：没事儿，只要能帮上忙。

（陈宁从书包里拿出一堆材料）

陈　宁：你看，这是申请表、成绩单、推荐书、资金证明……还有各种公证书。

爱　米：哎呀！这么多材料，我都快被弄糊涂了，这比我申请来中国复杂多了。

李小兰：虽然这样，还有可能被大使馆拒签。

爱　米：是吗？那我得好好儿看看，别因为材料出问题办不了签证。

陈　宁：那就太谢谢你了！

（二）在路上

（爱米和李小兰聊天儿）

爱　米：小兰，陈宁出国留学的事情办得怎么样了？

李小兰：差不多了。她还让我问你哪天有空儿，想请你吃饭呢。

爱　米：别客气。在中国，出国手续好办吗？

李小兰：以前挺麻烦的，不少人都被弄得伤透了脑筋，现在简单多了，护照也可以随时办理了。

爱　米：哦，是这样。

李小兰：要是不愿意自己办手续，还可以通过留学中介办理。

爱　米：中介公司？

李小兰：对呀，只要交钱，那些麻烦事儿中介公司都会帮你解决的。

爱　米：这么说，以后我可以去中介公司打工了。

二　常用句　Useful sentences

1. 对不起，我们迟到了。
2. 没关系，我也刚到。
3. 没事儿，只要能帮上忙。
4. 那我得好好儿看看。

三 生词 New words

1. 人工	réngōng	（形）	man-made; artificial
2. 湖	hú	（名）	lake
3. 高中	gāozhōng	（名）	high school
4. 国外	guówài	（名）	overseas; abroad
5. 申请	shēnqǐng	（动）	apply for
6. 材料	cáiliào	（名）	materials
7. 符合	fúhé	（动）	accord with; conform to
8. 帮忙	bāng máng		help; do a favour
9. 被	bèi	（介）	used in a passive sentence to introduce the agent
10. 堆	duī	（量）	pile
11. 成绩	chéngjì	（名）	result; achievement
12. 推荐	tuījiàn	（动）	recommend
13. 资金	zījīn	（名）	fund
14. 证明	zhèngmíng	（名、动）	identification; prove
15. 公证书	gōngzhèngshū	（名）	notarial deed
16. 糊涂	hútu	（形）	confused
17. 复杂	fùzá	（形）	complicated
18. 大使馆	dàshǐguǎn	（名）	embassy
19. 拒签	jùqiān	（动）	refuse sb.'s visa application

20. 签证	qiānzhèng	(名)	visa
21. 透	tòu	(形)	fully; thoroughly
22. 脑筋	nǎojīn	(名)	brains; idea
23. 随时	suíshí	(副)	at any time
24. 办理	bànlǐ	(动)	handle; deal with
25. 中介	zhōngjiè	(名)	agency
26. 打工	dǎ gōng		have a temporary job
27. 联系	liánxì	(动)	get in touch with; contact
28. 分别	fēnbié	(动)	leave each other; distinguish
29. 所	suǒ	(量)	measure word (houses, schools etc.)
30. 修改	xiūgǎi	(动)	revise
31. 刀子	dāozi	(名)	knife
32. 保持	bǎochí	(动)	keep; maintain
33. 警察	jǐngchá	(名)	police
34. 顶	dǐng	(量)	measure word
35. 帽子	màozi	(名)	cap; hat
36. 录取	lùqǔ	(动)	enroll
37. 经理	jīnglǐ	(名)	manager
38. 文件	wénjiàn	(名)	document
39. 秘书	mìshū	(名)	secretary
40. 进入	jìnrù	(动)	enter
41. 年级	niánjí	(名)	grade

42. 知识	zhīshi	（名）	knowledge
43. 按照	ànzhào	（介）	according to
44. 错误	cuòwù	（名）	mistake
45. 兴奋	xīngfèn	（形）	be excited
46. 目标	mùbiāo	（名）	target; goal

专 名 Proper nouns

陈宁	Chén Níng	name of a person

四 语言点 Language points

基本句 Basic sentence patterns

被字句 “被”-sentence

介词“被”及其宾语作状语来表示被动的动词谓语句叫被字句，用来说明某人、某事物受到动作的影响而产生某种结果（多是不如意的）。例如：

The structure of “被” and its object used as adverbial denoting the passive of verb predicate is called “被”-sentencewhich indicates result affected by the action (the result is usually not wishful). For example:

（1）他的录音机被小王借去了。

（2）杯子被我不小心摔坏了。

▲ 在口语中常用“叫”、“让”、“给”来代替“被”。其中“被”、“给”后边的宾语在不需要说明时，可以省略。例如：

And in oral Chinese, “叫”, “让” and “给” are often replaced “被”

and the object after “被” and “给” can be omited. For example:

(3) 我的钱包被(小偷)偷走了。

我的钱包给(小偷)偷走了。

我的钱包叫小偷偷走了。

我的钱包让小偷偷走了。

▲ 句中的动词不能是孤立的,后面必须带有其他成分。例如:

In this case, the verb can not be used alone and must be followed by some other elements. For example:

(4) 我的电子词典被朋友弄坏了。(×我的电子词典被朋友弄。)

▲ 否定副词或助动词要放在“被（叫/让/给)”的前面，不能放在动词的前面。例如:

The negative adverbs or auxiliary verbs are usually placed before “被(叫/让/给)”, and can not be placed before the verb. For example:

(5) 他的录音机没被小王借去。(×他的录音机被小王没借去。)

(6) 他不想被人笑话。(×他想被人不笑话。)

五 操练与交际 Practice and communication

(一) 语音 Phonetics

1. 辨音辨调 Distinguish initials, finals and tones

gāozhōng (高中)	fúhé (符合)
gàozhōng (告终)	fùhé (复合)
qiānzhèng (签证)	zījīn (资金)
jiànzhèng (见证)	zìxìn (自信)

suíshí（随时）
zhuīsī（追思）

zhèngmíng（证明）
zhēng bīng（征兵）

fùzá（复杂）
fùzé（负责）

bànlǐ（办理）
bànlǚ（伴侣）

jīnglǐ（经理）
jīnglì（经历）

niánjí（年级）
niánji（年纪）

2. 多音节连读　Read the following multiple syllables in succession

tuījiànshū（推荐书）
gōngzhèngshū（公证书）
shēnqǐngshū（申请书）
bǎozhèngshū（保证书）

chéngjìdān（成绩单）
bāoguǒdān（包裹单）
cúnkuǎndān（存款单）
huàyàndān（化验单）

bàn shǒuxù（办手续）
bàn hùzhào（办护照）
bàn gōngsī（办公司）
bàn qiānzhèng（办签证）

zhōngjiè gōngsī（中介公司）
màoyì gōngsī（贸易公司）
hézī gōngsī（合资公司）
dúzī gōngsī（独资公司）

（二）朗读下列短语　Read the following phrases aloud

帮忙修车
帮忙准备
帮她的忙
帮一下儿忙

坏透了
看透了
伤透了脑筋
倒霉透了

随时办理
随时报名
随时参观
随时访问

办理护照
办理签证
办理入学手续
办理结婚手续

联系人
联系饭店
联系电话
跟公司联系

不想分别
分别了一年
跟朋友分别
分别的时候

(三) 从本课生词表中选择恰当的词语填空

Fill in the blanks with the words in the vocabulary of this lesson

1. 这个湖不是自然形成的，是________湖。
2. 山本同学，经过研究，学校同意了你关于换班的________。
3. 对不起，你填写的申请书不________要求，请你再填一遍。
4. 这次考试金美英的________最好，是第一名。
5. 王老师，请您帮我写一封________信，好吗？
6. 谁能________你昨天晚上八点不在房间里？
7. 你把简单的问题弄得____________了，现在我也不知道该怎么办了。
8. 今天我倒霉________了，在公共汽车上钱包被人偷了。
9. 大家一起动动________，想一想该怎么解决这个难题。
10. 如果你需要帮助，________都可以给我打电话。
11. 小张想通过________公司办理去英国留学的手续。
12. 高桥在一________语言学校________，教日语。
13. 大学毕业后，安志永有了新的________，他想开一家自己的贸易公司。
14. 我姓黄，有什么事情你可以跟我________。
15. 田中，________学校的要求，你还要再填写一张入学申请表。
16. 老师每次都认认真真地给我们________作业中的错误。
17. 毕业以后咱们就要________了。来，一起照个相吧。
18. 你要是想________现在的水平，就得坚持练习。
19. 我被你弄________了，忘了自己想说什么了。
20. 宿舍门口的那________书是谁的？放在这里好几天了。

(四) 用下列生词组成短语

Make phrases by using the following words

1. 申请______	2. 符合______	3. ______材料
4. 帮______忙	5. 推荐______	6. 复杂的______
7. 一所______	8. ______联系	9. 随时______
10. 修改______	11. ______刀子	12. 保持______

(五) 替换 Substitutions

1

钱包	小偷儿	偷走
护照	我	弄丢
咖啡	他	喝光
茶杯	弟弟	摔坏
瓶子	妹妹	碰倒

A：怎么了？

B：我被大使馆拒签了。

2

A：听说他被派到英国去工作了。

B：是的。

学校门口的大树	刮倒了
那位老人	送到医院去了
这本小说	翻译成法文了
小王昨天	批评了
李小兰	送到国外留学了

3

词典	拿走
汽车	开走
刀子	借走
照相机	带走
笔记本电脑	借去

A：把你的车借给我用用，好吗？

B：对不起，我的车叫玛丽亚骑去了。

4

本	杂志	爱米还给图书馆
把	伞	山本借去
台	录音机	他们拿走
盘	磁带	我弄坏
幅	画儿	爸爸卖掉

那本词典要是没让人借走就好了。

(六) 用“被、让、叫、给”改写下列句子

Rewrite the following sentence by using “被，让，叫” or “给”

1. 大风把树上的苹果刮掉了。

____

2. 妈妈把以前的那些杂志都卖了。

____

3. 这位司机把我的汽车修好了。

____

4. 警察把走丢的孩子找回来了。

____

5. 那个小伙子拿走了玛丽亚的书包。

____

6. 风把爱米的那顶帽子刮跑了。

7. 医生把她的病治好了。

8. 哥哥发现了我们的计划。

(七) 把下列句子改成把字句

Rewrite the following sentences by using 把 sentence

1. 这些小树叫风刮倒了。

2. 她的箱子被服务员拿错了。

3. 我的眼镜打球时让人碰坏了。

4. 买礼物的事被大卫忘了。

5. 昨天照的照片已经被我寄回家了。

6. 脏衣服被妈妈洗干净了。

(八) 改错 Correct the mistakes in the following sentences

1. 真对不起，你的手机让我坏了。

2. 昨天的作业被我没做完。

____

3. 我的照片已经被寄。

____

4. 买礼物的事让忘了。

____

5. 我们刚到车站就被天下雨了。

____

（九）把括号里的词语加在适当的位置上

Put the words in the bracket to the appropriate place

1. 我 A 妹妹告诉 B 他明天下午五点钟 C 来学校 D 办手续。（让）
2. 请 A 你 B 把 C 说的话 D 写在纸上。（他）
3. 你 A 为什么 B 把自己的想法 C 告诉大家 D 呢？（不）
4. 我 A 刚买的手机 B 你 C 弟弟 D 弄坏了。（被）
5. 我 A 花了 B 两天时间，C 把那篇作文 D 写完。（才）

（十）功能会话 Functional communications

1. 打听 Ask about

A：听说你女儿要出国留学？

B：是呀，她被美国一所大学录取了。

A：什么时候出发啊？

B：下个月。

2. 提醒 Remind of

A：安志永，明天出去玩儿，别忘了带照相机。

B：照相机昨天让我摔坏了。

A：啊？那得赶快修啊。

B：我下课就去。

3．指示 Instruction

A：小王，去把那份文件拿来。

B：是这份吗？

A：对。你马上把它翻译成英文。

B：什么时候要？

A：下午能翻完吗？

B：应该可以。

A：下午交给我吧。

B：好的。

（十一）阅读 Reading comprehension

十年后再见

进入大学四年级，陈宁和她的同屋们都渐渐开始忙了。小张每天给不同的公司打电话联系面试。小李早起晚睡，在图书馆看书学习，准备考研究生。陈宁的爸爸想让她去美国留学。陈宁也想到国外去看一看，多学习点儿知识。听说办留学手续很麻烦，陈宁的爸爸想找中介公司。但是陈宁觉得出国以后什么事情都要靠自己，应该从现在开始就锻炼一下，她决定自己办手续。她上网查了很多关于去美国留学的资料，按照要求填写申请表，准备各种文件、材料。因为很多材料都要翻译成英文，陈宁请美国朋友爱米帮忙。爱米帮助陈宁修改了材料中的英文错误，还向陈宁介绍了很多美国大学的情况，陈宁非常感谢爱米。

毕业前，她们的努力终于有了结果。小张在一家贸易公司找到了工作，做经理的秘书；小李通过了考试，继续在本校读研究生；陈宁被美国一所大学录取了，她已经收到了录取通知书，签证也办好了，下个月出发。

分别的时候，三个好朋友又兴奋又难过。兴奋的是每个人都有了新的目标，难过的是以后见面不容易了。她们约好，保持联系，十年后再见。

1. 根据短文连线 Link the following collocations by lines according to the passage above

留学	错误
学习	材料
锻炼	联系
准备	手续
修改	自己
保持	知识

2. 读后判断对错 Judge if the following sentences are right after reading the passage above

(1) 陈宁想通过中介公司办留学手续，但是爸爸不同意。 ( )

(2) 陈宁通过网络查找留学资料。 ( )

(3) 陈宁给爱米介绍了很多中国大学的情况。 ( )

(4) 小李通过了考试，去一家贸易公司工作。 ( )

(5) 陈宁和朋友们约好十年后见面。 ( )

(十二) 语言交际 Language communication

1. 自由表达 Free talk

谈谈你是如何办理来中国留学的手续的。

Tell the teacher your experience when you handled the procedures to come to China.

2. 完成任务 Fulfill the following tasks

了解你的一位朋友今后三年的计划。

Interview one of your Chinese friends his / her plan for the next coming three years.

姓名		年龄		职业		婚否	
第一年							
第二年							
第三年							

3. 写作 Writing

根据 第 2 题的内容,写一段话。

Write a passage according to the second task.

我属什么

What animal year was I born in

第10课 Lesson 10

一 课文 Text

(一) 在房间

(爱米、李小兰和李小兰的姐姐在聊天儿)

爱　米：姐姐，这双红色的袜子真漂亮。

姐　姐：谢谢。今年是我的本命年，所以要穿红色的。

爱　米：什么是本命年？

李小兰：今年是龙年，姐姐属龙，今年就是她的本命年。

爱　米：哦，老师讲过，在中国一共有十二个属相，可是我记不清都有什么了。

姐　姐：有鼠、牛、虎、兔、龙、蛇、马、羊……

爱　米：猴、鸡，嗯……还有狗、猪，对吗？

姐　姐：完全正确，这也可以叫十二生肖。

爱　米：小兰，你帮我算算，我属什么？

李小兰：你呀，（认真地算了一下）你属猴，一只聪明的小猴子。

爱　米：我喜欢猴子。对了，我听说属相跟人的性格、命运也有关系，是吗？

姐　姐：是的。不过，这都是传统观念，不一定科学。

（二）在书架边

（小兰从书架上取下一本书来）

李小兰：爱米，这是一本专门研究属相的书，你看看。

爱　米：（翻书）属龙的人命真好哇！只要努力就能得到幸福。

姐　姐：大家都这么想，所以去年结婚的人特别多，他们都想今年生个龙宝宝。

爱　米：真希望我也属龙！

姐　姐：属猴也不错啊，有很多优点，聪明、可爱……

爱　米：没有缺点吗？

李小兰：（笑）就是有时候懒点儿。

爱　米：哈哈……跟我有点儿像。

姐　姐：爱米，你们国家有没有属相？

爱　米：我们没有属相，有星座。一年十二个月，有十二个不同的星座。来中国以后，我发现很多年轻人对西方的星座很感兴趣。

李小兰：是啊，年轻人接受外来文化总是很快。

爱　米：姐姐，你什么时候过生日？我们一定好好为你庆祝庆祝。

姐　姐：到时候我告诉你。

二 常用句 Useful sentences

1. 你属什么？

2. 我属猴。

3. 真希望我也属龙！

三 生词 New words

1. 属	shǔ	（动）	belong to; be born in the year of one of the twelve animals according to the Chinese tradition
2. 袜子	wàzi	（名）	socks; stockings
3. 本命年	běnmìngnián	（名）	this animal year of sb.
4. 龙	lóng	（名）	dragon
5. 属相	shǔxiàng	（名）	Chinese zodiac
6.（老）鼠	(lǎo) shǔ	（名）	mouse
7. 牛	niú	（名）	ox
8. 兔（子）	tù (zi)	（名）	rabbit
9. 蛇	shé	（名）	snake
10. 羊	yáng	（名）	sheep; goat
11. 鸡	jī	（名）	chook
12. 狗	gǒu	（名）	dog
13. 猪	zhū	（名）	pig
14. 正确	zhèngquè	（形）	correct
15. 生肖	shēngxiào	（名）	Chinese zodiac
16. 命运	mìngyùn	（名）	destiny
17. 观念	guānniàn	（名）	concept
18. 科学	kēxué	（形、名）	scientific; science
19. 得到	dédào	（动）	get; obtain

20. 幸福	xìngfú	（名、形）	happiness; happy
21. 宝宝	bǎobao	（名）	baby
22. 优点	yōudiǎn	（名）	merit; virtue
23. 缺点	quēdiǎn	（名）	shortcoming
24. 懒	lǎn	（形）	lazy
25. 星座	xīngzuò	（名）	constellation
26. 接受	jiēshòu	（动）	accept
27. 值班	zhí bān		on duty
28. 商量	shāngliang	（动）	consult; talk over
29. 可	kě	（助动）	be worth(doing)
30. 答案	dá'àn	（名）	answer
31. 歌词	gēcí	（名）	words of a song
32. 喊	hǎn	（动）	shout; cry out
33. 前面	qiánmian	（名）	in front; at the ahead
34. 追	zhuī	（动）	trace; pursue
35. 强壮	qiángzhuàng	（形）	strong
36. 头	tóu	（量）	measure word (used to some animals, or Garlic etc.)
37. 爷爷	yéye	（名）	grandfather
38. 奶奶	nǎinai	（名）	grandmother
39. 姑姑	gūgu	（名）	father's sister
40. 玫瑰	méigui	（名）	rose
41. 体形	tǐxíng	（名）	type of build or figure

42. 品质	pǐnzhì	（名）	character; quality
43. 勤劳	qínláo	（形）	diligent; industrious
44. 善良	shànliáng	（形）	good and honest; kindhearted
45. 天帝	tiāndì	（名）	the God of heaven
46. 肥	féi	（形）	fat
47. 最后	zuìhòu	（名）	last; final
48. 大摇大摆	dà yáo dà bǎi		swagger

四 操练与交际 Practice and communication

（一）语音 Phonetics

1. 辨音辨调 Distinguish initials, finals and tones

shǔxiàng（属相）	xìngfú（幸福）
shūxiāng（书香）	xīnkǔ（辛苦）
yōudiǎn（优点）	jiēshòu（接受）
yóudiàn（邮电）	jiēshōu（接收）
tǐxíng（体形）	qínláo（勤劳）
tíxǐng（提醒）	qīnlüè（侵略）
shànliáng（善良）	tiāndì（天帝）
shǎnliàng（闪亮）	tiándì（田地）
zhèngquè（正确）	yánsè（颜色）
zhǔnquè（准确）	yǎnsè（眼色）

2. 多音节连读 Read the following multiple syllables in succession

hóng wàzi（红袜子） shǔ shénme（属什么）

hóng yīfu（红衣服） nǐ shǔ shé（你属蛇）

hóng píxié（红皮鞋） tā shǔ yáng（他属羊）

hóng màozi（红帽子） wǒ shǔ tù（我属兔）

yì tiáo lóng（一条龙） dà yáo dà bǎi（大摇大摆）

liǎng pǐ mǎ（两匹马） dà chī dà hē（大吃大喝）

sān zhī jī（三只鸡） dà shǒu dà jiǎo（大手大脚）

sì tóu niú（四头牛） dà chǎo dà nào（大吵大闹）

（二）朗读下列短语 Read the following phrases aloud

得到幸福	接受帮助	不想值班	商量事情	可介绍的情况
得到帮助	接受礼物	必须值班	商量怎么办	有什么可笑的
得到礼物	接受不了	今天谁值班	商量去哪儿	可看的书很多
得到第一名	很难接受	值了两天班	商量买什么	没有可买的东西

（三）从本课生词表中选择恰当的词语填空

Fill in the blanks with the words in the vocabulary of this lesson

1. 传说圣诞老人把礼物都装在________里。
2. 按照中国的传统，________的时候要穿红色的衣服。
3. 爸爸、妈妈和我都________龙，我们家有三条龙。
4. 他经常迟到，但每次都________地走进教室。
5. 今天晚上我得在公司________，明天早上才能回家。
6. 这个问题你弄错了，请在旁边写出________的答案。
7. 老年人跟年轻人的________常常不一样。
8. 有的人只相信________，自己从来不努力。

9. 李小兰________一个去英国大学进修的机会。

10. 我很喜欢那句歌词："如果觉得________，你就拍拍手吧。"

11. 每个人都有________和________。

12. 起床吧，别再睡________觉了。

14. 对不起，你的意见我们不能________，我们决定按照原来的计划做。

14. 这个________的小伙子一只手就能提起那个大箱子。

15. 那位________的母亲每天都很早起床，为全家人做早饭。

16. 妹妹非常________，常常帮助那些没有人照顾的小动物。

17. 安志永，请到教室________来给大家介绍一下去西安旅游的情况。

18. 我们________一下今天晚上去哪里吃饭吧。

19. 俗话说："谁笑在________，谁笑得最好。"

20. 小伙子交了钱就走，售货员一边________一边喊："先生，找您钱！"

21. 多运动对身体有好处，可是刚吃了饭就运动也不见得________。

（四）用下列生词组成短语

Make phrases by using the following words

1. 属______	2. 正确的______	3. 得到______
4. 幸福的______	5. 懒得______	6. ______前面
7. 追______	8. 接受______	9. 强壮的______
10. 商量______	11. ______答案	12. 可______的

（五）模仿 Imitation

1. 这是一本专门研究属相的书，你看看。

这是____________，你____________。

2. A：爱米，你们国家有没有属相？

B：我们没有属相，有星座。

A：__________，你们国家__________？

B：我们__________，__________。

3. 来中国以后，我发现很多年轻人对西方的星座很感兴趣。

来__________以后，我发现__________。

（六）连词成句 Make sentences by linking the following words

1. 红色　这　真　袜子　的　漂亮　双

____

2. 接受　年轻人　文化　外来　很　总是　快

____

3. 第一位　的　排　小小　在　呢　老鼠　为什么

____

4. 过来　大街上　走　一头　突然　强壮　牛　的

____

5. 对　西方　年轻人　感兴趣　节日　很多　非常　的

____

（七）把括号里的词语加在适当的位置上
Put the word in the bracket to the appropriate place

1. 他 A 早就 B 把这本书 C 翻译 D 成中文了。（想）
2. 我 A 还 B 把在长城上照的照片 C 给妈妈 D 寄回去呢。（没）
3. 我们 A 一下火车 B 就 C 他们 D 接到学校去了。（被）
4. 这个词 A 我 B 查了 C 也没弄清楚 D 是什么意思。（几遍）
5. A 请 B 你把 C出发的时间告诉 D。（同学们）

（八）综合填空

Fill in the blanks according to the context of situation

这是一________全家人在一起照的照片。中国人把这种照片叫做“全家福”。

坐在中________的是小宝的爷爷和奶奶。小宝的爸爸坐在爷爷左边儿，他在一家杂________社工作。坐在奶奶右边的是小宝的妈妈。她是医________，每天在医________给病人看病，病人都说她是一位好大夫。站在后边的________亮女孩儿是小宝的姑姑，刚刚大学______业，还没有结________，追她的男孩子可真不少，常常有小________子送她玫瑰花。

小宝站在爸爸和爷爷的后边，姑姑的右边，他是一个体________迷，最大的爱好是________足球。

（九）根据实际情况回答问题 Answer the following questions

1. 按照中国的属相，你爸爸妈妈属什么？
2. 你们国家有没有属相或者星座的说法？
3. 你属什么？今年是你的本命年吗？
4. 你们国家有没有像“本命年”一样的传统习惯？
5. 你相信人的属相和性格有关系吗？

（十）功能会话 Functional communications

1. 希望 Expect

A：你汉语说得真好。

B：哪里哪里。

A：真希望有一天我也能说一口流利的汉语。

B：只要你努力，一定没问题。

2. 否定 Decline

A：听说这次考试你得了第一名？

B：别开玩笑了！我是第二名。

A：这也不错了。

B：哪儿啊，我还得努力呀。

3. 讨厌 Dislike

A：什么声音？

B：楼上房间又开舞会了。

A：他们常常这样吗？

B：是啊，真让人头疼。

4. 担心 Worry

A：要是他们不同意这个计划怎么办？

B：应该没问题。

A：千万别再遇到什么麻烦。

B：你放心吧，有问题我们一起解决。

(十一) 阅读 Reading comprehension

属相小故事

十二属相中，第一个就是老鼠。比体形，老鼠是最小的一个；比力气，它没有牛、马、虎强壮；比品质，牛的勤劳、羊的善良、猪的实在，都比老鼠好许多；比谁最坏，恐怕蛇也该排在鼠的前面。那为什么小小的老鼠排在第一位呢？

传说，天帝要选一些动物在天上值班。通过比赛，选了鼠、牛、虎等12种动物。被选上以后，老鼠说："我应该排在第一位。"牛、马、羊它们不同意，问："为什么你排第一位呢？"老鼠说："我大，所以我要排在第一。"别的动物都笑了："你怎么比我们大呢？"老鼠说："我们几个决定不了，还是让人来说吧。”大家都同意。它们商量了一个办法：牛在前面，马、羊、鼠等一个接一个从大街上走过，看人们怎么说。

在大街上，看到牛走过来了，人们说：“这头牛很强壮。”马过来了，人们说：“这匹马真高。”羊走过来的时候，人们说：“这只羊很肥。”最后，老鼠大摇大摆地走过来，人们看见大街上突然出现一只大老鼠，都追着它喊：“好大一只老鼠呀，好大的一只老鼠呀！”

就这样，牛、马、羊也没什么可说的了，只好让老鼠排在了第一位。

读后判断对错 Judge if the following sentences are right after reading the passage above

1. 老鼠比别的十一种动物体形小。 (　　)
2. 老鼠没有蛇坏。 (　　)
3. 因为老鼠最小，所以排在第一位。 (　　)
4. 动物们商量以后，决定老鼠排在第一位。 (　　)
5. 老鼠很聪明。 (　　)

(十二) 语言交际 Language communication

1. 自由表达 Free talk

(1) 查看下列属相表，看看你是什么属相，找出班级里与你属相相同的人，说说你们的性格是否一样。

Read the following chart and see what animal year you were born in; find out if there is anyone in your class who was born in the same animal year with you and say something about your disposition.

鼠	牛	虎	兔	龙	蛇
1960	1961	1962	1963	1964	1965
1972	1973	1974	1975	1976	1977
1984	1985	1986	1987	1988	1989
1996	1997	1998	1999	2000	2001
2008	2009	2010	2011	2012	2013

马	羊	猴	鸡	狗	猪
1966	1967	1968	1969	1970	1971
1978	1979	1980	1981	1982	1983
1990	1991	1992	1993	1994	1995
2002	2003	2004	2005	2006	2007
2014	2015	2016	2017	2018	2019

（2）查看下列星座表，看看你属于哪个星座，找出班级里与你星座相同的人，说说你们的性格是否一样。

Read the following chart and see what constellation you belong to; then find out if there is anyone in your class who belongs to the same constellation with you and tell us if your disposition is the same.

日期	1.20—2.18	2.19—3.20	3.21—4.20	4.21—5.20
星座	水瓶座 Aquarius	双鱼座 Pisces	白羊座 Aries	金牛座 Taurus
日期	5.21—6.20	6.22—7.22	7.23—8.22	8.23—9.22
星座	双子座 Gemini	巨蟹座 Cancer	狮子座 Leo	处女座 Virgo
日期	9.23—10.22	10.23—11.21	11.22—12.21	12.22—1.19
星座	天秤座 Libra	天蝎座 Scorpio	射手座 Sagittarius	摩羯座 Capricorn

2. 完成任务 Fulfill the following tasks

了解一下你的三位朋友，填写下表。

Interview three of your Chinese friends and fill in the following chart.

	性别	出生年月	属相	性格特点
A				
B				
C				

自 测 题

Evaluation paper

一、给下列词语搭配合适的词 Collocate the following words

（1×10=10 分）

1. 申请______　　2. ______的印象　　3. 得到______

4. 反复______　　5. 看望______　　6. ______的传说

7. 时髦的______　　8. 仔细______　　9. 进口______

10. 不断______

二、选择正确位置 Put the words in the brackets to the appropriate place（1×10=10 分）

1. 我 A 发现 B 自己 C 懂的东西 D 太少了。　越来越
2. A 你 B 到我这里 C 来，我 D 在家里等你。　赶紧
3. 你 A 也是刚到啊，C 我 C 你 D 早来了呢。　以为
4. A 王先生 B 在国内是 C 一流的科学家，就是在 D 国际上也很有名。　不但
5. 他越学习 A 汉语 B 觉得 C 汉语有 D 意思。　越
6. A 这件事情现在一定 B 让老师和学校 C 知道 D。　不能
7. A 我在房间里找不到手机 B，C 原来 D 是你拿走了。　怪不得
8. 山本的照相机 A 被他的朋友 B 借 C 去 D。　没有
9. 只要大家 A 都同意，B 我们 C 立即开始 D 准备。　就
10. 你平时 A 那么用功，这次 B 考试 C 能得到 D 好成绩。　肯定

三、选择正确答案 Choose the best answer（1×10=10 分）

1. 他把每课课文录音都从开始到最后听了三________。

   A. 次　　B. 遍　　C. 回　　D. 趟

2. 下这么大的雨，他很有________不来了。

   A. 也许　　B. 可能　　C. 恐怕　　D. 大概

3. 不就是考了 90 分嘛，有什么________高兴的。

   A. 能　　B. 会　　C. 想　　D. 可

4. 老人儿子的那条腿________医生治好了。

   A. 向　　B. 让　　C. 把　　D. 替

5. 真奇怪，学校门口怎么有一________马？

   A. 只　　B. 个　　C. 匹　　D. 头

6. 大家都来________，东西一会儿就搬完了。

   A. 帮助　　B. 帮忙　　C. 用功　　D. 热情

7. 有什么问题，你可以________给我打电话， 我一定马上来。

   A. 随时　　B. 随便　　C. 方便　　D. 按时

8. 你的书这么多，我觉得一个书架不够，________两个才行。

   A. 得　　B. 一定　　C. 只有　　D. 只要

9. 那里的风景漂亮________，每一个去那里旅游的人都觉得不虚此行。

   A. 透了　　B. 非常　　C. 极了　　D. 特

10. ________牛仔裤被我弄破了。

   A. 很漂亮的那条叔叔送我的　　B. 叔叔送我的那条很漂亮的

   C. 叔叔那条很漂亮的送我的　　D. 叔叔很漂亮的送我的那条

四、判断对错 Judge if the following sentences are right（1×10=10 分）

1. 为了买房子，他把汽车卖。（　　）

2. 小王刚买的新外套在公共汽车上一个孩子被弄脏了。（　　）

3. 对不起，我把这些书一天看不完。 (　　)

4. 冬天到了，天气渐渐开始冷了。 (　　)

5. 他跑得飞快，我追不上他。 (　　)

6. 姐姐每个周末都帮忙妈妈打扫房间。 (　　)

7. 本来他住院了，怪不得他房间的电话没有人接。 (　　)

8. 昨天的晚会很有意思，其中我最喜欢的是京剧表演。 (　　)

9. 由于母亲生病，只好他回国了。 (　　)

10. 把挂在外边的衣服拿进来吧，今天晚上恐怕要下雨。 (　　)

五、按要求改写句子 **Rewrite the following sentences according to the instruction in each bracket** (2×5=10分)

1. 你明天还给我录音机，好吗？ (把字句)

2. 谁把我的杯子碰到地上了？ (被)

3. 这件事情我没告诉别人。 (把字句)

4. 听说有人偷了爱米的钱包。 (让)

5. 你能不能给我们简单介绍一下公司的情况？ (把字句)

六、连词成句 **Make sentences by linking the following words** (2×5=10分)

1. 借　他　被　书　走　没　那本

____

2. 这些　翻译　把　汉语　句子　我　成　没

____

3. 一定　我　这个　搞　要　把　清楚　问题

____

4. 上课　田中　怎么　迟到　最近　总是

____

5. 紧张　你　越……越……　不了　回答

____

七、完成句子　Complete the following sentences（2×10=20 分）

1. 小李说他肚子疼，今天不能来学校了，其实__________________。
2. 这几个年轻人都很喜欢看电影，__________________。（尤其）
3. 住在学校的宿舍，__________________。（既……又……）
4. 小兰，快点儿，__________________。（来不及）
5. 他__________________。（不但……而且……）
6. 只有__________________，才能学好汉语。
7. 除了山本以外，__________________。
8. 由于__________________，他今天迟到了。
9. 我从来__________________。
10. 爱米越来越__________________。

八、根据上下文意思，选择恰当的词语填空　Choose appropriate words to fill in the blanks according to the context（1×5=5 分）

我是今年 3 月来中国_1_。我打算先学习一_2_时间中文，然后_3_到别的地方旅游。很多中国人都说我的汉语说得_4_流利的，可是我觉得虽然我学过一年汉语，但是中国人说的话大部分我_5_听不懂。看来我还得继续努力。

1. A. 了	B. 着	C. 过	D. 的
2. A. 段	B. 些	C. 个	D. 年
3. A. 又	B. 还	C. 再	D. 想

4. A. 很	B. 挺	C. 非常	D. 太
5. A. 可是	B. 或者	C. 没有	D. 还是

九、根据上下文意思，在每个空儿中填上一个正确的汉字 Fill in the following blanks with correct Chinese characters each according to the context（1×5=5 分）

A：中国有哪些重要的________日？

B：最重要的当________是春节了。春节就是农________新年。像西方人过圣诞节一样，中国人家家都过春节。

A：哪些节日要吃________别的食品？

B：元宵节要吃汤圆，端午节吃粽子，八月十五是中秋节，吃月_____。

十、作文 Composition（10 分）

题目：我喜欢旅游 / 学习汉语 / 中国菜 / 交朋友 / 逛商店……

要求：150 字左右；表达通顺；汉字正确；无语法错误。

Requests: Write a composition about 150 words. You have to express yourself smoothly, clearly and coherently. You should try your best to write correct without mistakes in characters or in grammar.

生词总表
Vocabulary

A

唉	ài	不満の意を表す時に発する言葉	아이고 (탄식,연민을 나타내는 소리)	охать	7
爱情	àiqíng	愛情(主に男女間の愛をさす)	애정	любовь	7
爱人	àiren	夫または妻	애인	муж или жена	5
安心	ānxīn	(気持ちが)落ち着く	안심하다	спокоиться	5
按摩	ànmó	マッサージする	안마하다	массаж	4
按照	ànzhào	～のとおりに	…에 따라	согласно	9

B

把	bǎ	柄や取っ手のついている器物を数える単位	자루	счетное слово	4
把	bǎ	～を～（処置を示す）	종종 목적어를 동사의 앞에 전치시키는 경우에 사용한다	глагол-предлог	6
办理	bànlǐ	取り扱う	처리하다	вести	9
半夜	bànyè	夜中	한밤중	полночь	2
帮忙	bāng máng	手伝う	원조하다	помочь	9
棒	bàng	すばらしい	훌륭하다	прекрасный	7
包	bāo	包む	싸매다	обертывать	1
宝宝	bǎobao	ベビー；赤ちゃん	귀염둥이	любовь моя	10
保持	bǎochí	保つ	유지하다	поддерживать	9

报纸	bàozhǐ	新聞	신문	газета	3
爆米花儿	bàomǐhuār	ポップコーン	튀밥	попкорн	7
被	bèi	(受身文で行為者を導く) ～に/から(～される)	(피동형)…당하다	служебное слово	9
本来	běnlái	もとの；もともと	본래	истина	4
本命年	běnmìngnián	生まれた年に12またはその倍数を加えた年	출생한 해의 띠	год судьбы	10
奔	bèn	駆ける	…을 향하여 가다	кидаться	1
鼻子	bízi	鼻	코	нос	5
比画	bǐhua	手まねをする	손짓하다	жест делать	7
笔记本	bǐjìběn	ノート	노트북	тетрадь	2
必须	bìxū	～しなければならない	반드시…해야 한다	должно	5
变	biàn	変える；～になる	변화하다	изменять	8
遍	biàn	回数を表す単位	번	раз	7
表	biǎo	腕時計	손목시계	внешность	1
别提了	bié tí le	話にもならない	말하지 마라	не касается	4
冰淇淋	bīngqílín	アイスクリーム	아이스크림	мороженое	7
病房	bìngfáng	病室	병실	больничная палата	5
脖子	bózi	首	목	шея	4
博客	bókè	ブログ	블로그	веб-блог	2
补充	bǔchōng	補充する	보충하다	дополнить	4
不但	búdàn	～ばかりでなく	…뿐만 아니라	не только	4
不断	búduàn	絶えず	끊임없이	непрерывный	7
不见得	bújiàndé	～とは決まっていない	꼭 그런 것은 아닙니다	не обязательно	4
不虚此行	bù xū cǐ xíng	行った甲斐があった	이번 여행은 헛되지 않았다	хорошое путешествие	8
部	bù	書籍・映画フィルムなどを数える単位	편	экземпляр	7

部分	bùfen	部分	부분	часть	3

C

擦	cā	（布類で）拭く	닦다	вытирать	4
猜	cāi	（なぞや答えを）当てようとする	추측하다	гадать	3
材料	cáiliao	材料	자료	материал	9
产品	chǎnpǐn	製品	제품	товар	4
常见	chángjiàn	よく見かける	자주 보다	часто	3
长途	chángtú	長距離	장거리	дальняя дорога	2
成绩	chéngjī	成績	성적	результат	9
乘客	chéngkè	乗客	승객	пассажир	8
乘坐	chéngzuò	乗る	타다	плыть	8
迟到	chídào	遅刻する	지각하다	опаздывать	2
充满	chōngmǎn	充満する	충만하다	наполнить	1
抽	chōu	繭から糸を繰る（本文では病気の快復が遅いという意を表す。）	뽑다	вытаскивать	5
出院	chū yuàn	退院する	퇴원하다	выписаться из больницы	5
除了……以外……	chúle……yǐwài……	～のほかに；～を除いて	…을 제외하고	кроме	1
川菜	chuāncài	四川料理系統	사천 요리	блюдо Сычуаньи	8
传说	chuánshuō	伝統（する）	전설	легенда	1
刺激	cìjī	刺激する	자극하다	стимулировать	7
从此	cóngcǐ	これから	이제부터	с этих пор	6
从来	cónglái	いままで	여태껏	всегда	3
从前	cóngqián	以前；昔	이전	в прошлом	6

聪明	cōngming	賢い	똑똑하다	умный	8
存	cún	貯蓄する	저축하다	положить	6
错误	cuòwù	ミス	실수	ошибка	9

D

答应	dāyìng	返事する	응답하다	откликнуться	7
答案	dá'àn	答え	답안	ответ	10
打工	dǎ gōng	アルバイトする	아르바이트	работать	9
打扫	dǎsǎo	掃除する	청소하다	отчистить	4
打招呼	dǎ zhāohu	挨拶する	인사하다	приветствовать	8
大片儿	dàpiānr	有名で大型の映画	대작(영화)	фильм	7
大使馆	dàshǐguǎn	大使館	대사관	посольство	9
大学生	dàxuéshēng	大学生	대학생	студент	2
大摇大摆	dà yáo dà bǎi	大威張りで歩く	어깨를 으쓱거리며 걷다	Самодовольно	10
待	dāi	(あるところに)とどまる	머무르다	засиживаться	4
刀子	dāozi	ナイフ	칼	нож	9
到处	dàochù	至る所；あちこち	가는 곳	везде	8
得到	dédào	手に入れる	받다	получить	10
得	děi	～しなければならない	필요하다	придется	2
的确	díquè	確かに	확실히	в самом деле	1
递	dì	手渡る	전해주다	вручить	6
电脑	diànnǎo	パソコン	컴퓨터	компьютер	2
顶	dǐng	帽子やテントなどのようにてっぺんのあるものを数える単位	개(모자)	слово меры	9
定期	dìngqī	定期の	정기적인	срочный	6
丢	diū	紛失する	잃어버리다	потерять	6

动人	dòngrén	感動させる	감동적이다	волнующий	1
端	duān	（両手または片手でものを水平に保つようにして）持つ	나르다	нести в руке	5
堆	duī	うず高く積み上げたものを数える単位	무더기	куча	9
多数	duōshù	多数	다수	большинство	5
躲	duǒ	隠れる	숨다	скрыть	7

E

儿童	értóng	児童；子供	어린이	ребенок	8
儿子	érzi	息子	아들	сын	6
而且	érqiě	そのうえ；そして	또한	тому же	4
耳朵	ěrduo	耳	귀	ухо	3

F

发现	fāxiàn	気づく；見つける	발견하다	обнаружить	2
发言	fā yán	発言する	발언하다	выступать	3
发型	fàxíng	髪型	헤어스타일	прическа	4
翻	fān	ひっくり返す	뒤지다	переводить	6
反复	fǎnfù	繰る返して	반복하여	вновь и вновь	7
方块儿	fāngkuàir	四角なもの	네모난 덩어리	квадрат	3
访问	fǎngwèn	訪問する	방문하다	посещать	2
放学	fàng xué	放課する	학교가 파하다	оканчивать занятия	2
飞快	fēikuài	飛ぶように速い	재빠르다	быстрый	2
肥	féi	肥えている	뚱뚱하다	полный	10
费心	fèi xīn	（人に依頼する時）気を使う	신경을 쓰다	потрудиться	4

分别	fēnbié	別れる	이별하다	отличать	9
风光	fēngguāng	風景	경치	пейзаж	8
符合	fúhé	一致する	부합하다	согласится	9
幅	fú	布地や絵画を数える単位	폭	счетное слово	6
复杂	fùzá	複雑な	복잡하다	сложный	9
负责	fùzé	担当（する）	책임지다	отвечать	4

G

改进	gǎijìn	改善する	개선하다	усовершать	3
赶紧	gǎnjǐn	大急ぎで	얼른	срочно	6
感觉	gǎnjué	感じ（る）	느끼다/느낌	чувство	1
感情	gǎnqíng	感情	감정	чувство	2
感想	gǎnxiǎng	感想	소감	впечатление	8
感兴趣	gǎn xìngqù	（～に）興味を持つ	흥미를 느끼다	интересовать	7
刚刚	gānggāng	～したばかり	방금	только что	7
高中	gāozhōng	高校	고등학교	средняя школа	9
搞	gǎo	やる；する	하다	делать	5
歌词	gēcí	歌詞	가사	слова песни	10
各种各样	gè zhǒng gè yàng	様々	여러 가지	многообразный	8
工具	gōngjù	手段	공구	орудие	8
公证书	gōngzhèngshū	公証書	공증 증서	нотариальное	9
功夫	gōngfu	カンフー	무공	конфу	7
狗	gǒu	犬	개	собака	10
姑姑	gūgu	おばさん	고모	тетка по отцу	10
古代	gǔdài	古代	옛날	древное время	3
故事	gùshi	物語	민화	сказ	1

挂失	guà shī	（証書類・預金通帳などの）紛失を届ける	분실신고를 하다	заявить об утере	6
怪不得	guàibude	なるほど～だ	어쩐지	нельзя винить	3
关	guān	閉める	끄다	относиться	6
关于	guānyú	～について	…에 관해서	о	1
观察	guānchá	観察する	관찰하다	наблюдать	6
观念	guānniàn	観念	관념	концепция	10
光明	guāngmíng	光明；輝き	밝다	светлый	3
光盘	guāngpán	ディスク	시디롬	диск	7
规律	guīlǜ	法則	법칙	правила	3
国际	guójì	国際	국제	международные	2
国外	guówài	国外	외국	за границей	9

H

咳	hāi	悲しみや後悔；または驚きを表す時に発音する	아이구	охать	3
喊	hǎn	（大声で）叫ぶ	외치다	кричать	10
行	háng	行や列になったものを数える単位	줄	ряды	2
好处	hǎochù	有利な点	장점	выгода	3
合影	héyǐng	二人以上の人が一緒に写っている写真	함께 사진을 찍다	сняться вместе	8
猴子	hóuzi	猿	원숭이	обезьяна	8
厚	hòu	厚い	두껍다	глубокий	2
湖	hú	湖	호수	озера	9
糊涂	hútu	はっきりしない	얼떨떨하다	глупый	9
户头	hùtóu	口座	계좌	счет	6
花	huā	消費する	소비하다	тратить	4

化学	huàxué	化学	화학	химия	5
画报	huàbào	画報	화보	иллюстрированный журнал	3
回忆	huíyì	振り返る	회상하다/회상	вспоминание	6
活期	huóqī	普通（預金）	당좌	текущий	6

J

几乎	jīhū	ほとんど	거의	почти	7
机场	jīchǎn	空港	공장	аэропорт	5
机器	jīqì	機器	기계	машина	2
鸡	jī	にわとり	닭	курица	10
及格	jígé	合格する	합격하다	зачет	3
急性子	jíxìngzi	短気な人	급성자	торопливый характер	3
集	jí	集	집	сборник	5
既……又……	jì……yòu……	同じ構造の二つ句を接続し；同時に二つの性質・状態を備えていることを表す	…할 뿐만 아니라 또한	и	4
坚持	jiānchí	あくまで頑張る	견지하다	стоять	3
剪	jiǎn	切る	깎다	стрить	4
简单	jiǎndān	簡単である	간단하다	простой	4
渐渐	jiànjiàn	だんだん	점점	постепенно	1
脚趾	jiǎozhǐ	足の指	발가락	пальцы ноги	8
轿子	jiàozi	こし	가마	паланкин	8
接受	jiēshòu	受ける	받아들이다	принять	10
节日	jiérì	祭り	명절	праздник	1
节奏	jiézòu	リズム	리듬	ритм	5
结账	jié zhàng	勘定する	결산하다	свести счета	6
解决	jiějué	解決する	해결하다	решить	3

仅仅	jǐnjǐn	わずかに	다만	только	8
进口	jìn kǒu	輸入する	수입	импорт	4
进入	jìnrù	入る	들다	вступить	9
经常	jīngcháng	常に	늘	часто	7
经理	jīnglǐ	支配人	지배인	директор	9
精神	jīngshen	精神	정신	дух	7
警察	jǐngchá	お巡りさん	경찰	милиция	9
举	jǔ	上げる	들어올리다	поднять	7
拒签	jùqiān	（ビザなど）サインを断る	비자를 얻지 못하다	отказаться от визы	9

K

开演	kāiyǎn	開演する	(연극•영화 따위를) 시작하다	начало представления	7
看望	kànwàng	お見舞いする	문안하다	навещать	5
靠	kào	寄りかける；もたれる	기대다	присланиться	3
棵	kē	木・草を数える単位	그루	счетное слово	1
科学	kēxué	化学	과학	наука	10
咳嗽	késou	咳をする	기침하다	кашлять	5
可	kě	～する値打ちがある	…할 만하다	можно	10
可爱	kě'ài	かわいい	귀엽다	славный	8
肯定	kěndìng	肯定する	긍정하다/긍정적이다	подтвердить	4
空间	kōngjiān	スペース	공간	пространство	8
空中	kōngzhōng	空中；そら	공중	в воздухе	3
恐怕	kǒngpà	おそらく	아마…일 것이다	возможно	5
控制	kòngzhì	コントロールする	억제하다	контролировать	2
口袋	kǒudài	ポケット	호주머니	карман	6
口水	kǒushuǐ	よだれ	군침	слюна	8

L

来不及	láibují	間に合わない	시간이 맞지 않다	не успеть	7
懒	lǎn	怠惰な；不精な	게으르다	ленивый	10
浪漫	làngmàn	ロマンチック	낭만적이다	романтический	2
老	lǎo	年をとっている	늙다	старый	7
老虎	lǎohǔ	虎	호랑이	тигр	6
乐趣	lèqù	おもしろみ	재미	интерес	5
冷冰冰	lěngbīngbīng	冷たい	쌀쌀하다	ледяной	2
礼貌	lǐmào	礼儀	예의	вежливость	7
理发	lǐ fà	髪を切る	이발하다	стричься	4
立即	lìjí	直ちに；即座に	즉시	сейчас	7
立刻	lìkè	すぐに；直ちに	곧	сейчас	7
例如	lìrú	例えば	예컨대	например	3
联欢会	liánhuānhuì	パーティー	친목회	фестивальная встреча	8
联系	liánxì	連絡する	연락하다	связывать	9
练	liàn	練習する	연습하다	практика	3
恋爱	liàn'ài	恋愛（する）	연애하다	любовь	2
量	liáng	はかる	달다	мера	8
亮	liàng	明るい	밝다	светлый	3
流	liú	流れる	흐르다	популярно	8
流行	liúxíng	流行る	유행하다	популярно	1
龙	lóng	竜	용	дракон	10
录取	lùqǔ	採用する	합격시키다	принять	9
绿茶	lǜchá	緑茶	녹차	зеленный чай	5

M

马	mǎ	馬	말	лощадь	3

马大哈	mǎdàhā	物事をいいかげんにする人	덜렁꾼	разиня	6
马虎	mǎhu	そそっかしい	소홀하다	небрежный	6
满	mǎn	いっぱいになる	가득하다	полный	7
毛巾	máojīn	タオル	수건	полотенце	4
帽子	màozi	帽子	모자	шляпа	9
玫瑰	méigui	バラ	장미	роза	10
美发	měifà	髪を刈る	헤어스타일을 멋지게 하다	украсить свои волосы	4
美好	měihǎo	よい、すばらしい	좋다	прекрасный	2
美丽	měilì	美しい	아름답다	красивый	1
闷	mēn	むっとする	답답하다	сидеть дома	5
秘密	mìmì	秘密	비밀	секрет	5
秘书	mìshū	秘書	비서	секретор	9
密码	mìmǎ	暗号	비밀 번호	шифр	6
免费	miǎn fèi	フリー	무료	бесплатно	1
面积	miànjī	面積	면적	площадь	8
秒	miǎo	時間を表す単位	초	секунда	2
名山大川	míngshān dà chuān	名山大河	명산대천	достепримечательность	8
明星	míngxīng	スター	스타	звезда	4
命	mìng	命	목숨	судьба	5
命运	mìngyùn	運命	운명	судьба	10
母亲	mǔqīn	お母さん；はは	모친	мать	1
目标	mùbiāo	目標	목표	цель	9
目前	mùqián	目下；いまのところ	현재	настоящее время	4

N

奶奶	nǎinai	おばあさん	할머니	бабушка	10

男孩儿	nánháir	男の子	남자	мальчик	4
难过	nánguò	悲しい；つらい	괴롭다	пережить	3
难题	nántí	難しい問題	어려운 문제	трудная задача	3
难忘	nánwàng	忘れ難い	잊을 수 없다	незабываемый	2
脑筋	nǎojīn	頭	머리	мозги	9
内容	nèiróng	内容	내용	содержание	1
能力	nénglì	能力	능력	сила	3
年级	niánjí	学年	학년	курс	9
牛	niú	牛	소	бык	10
农历	nónglì	陰暦	음력	лунный календарь	1
浓	nóngnóng	濃い	진하다	крепкий	5
弄	nòng	やる；する	하다	делать	4
女儿	nǚ'ér	娘	딸	дочь	1
女孩儿	nǚháir	女の子	여자	девочка	4

P

拍	pāi	たたく	치다	сниматься	7
排	pái	並ぶ	배열하다	расставлять	7
胖	pàng	太い	뚱뚱하다	полный	8
赔	péi	弁償する	손해보다	возместить	6
批评	pīpíng	批判する	비평하다	критиковать	6
匹	pǐ	馬やロバを数える単位	필	счетное слово	6
片儿	piānr	映画；写真	영화	фильм	7
品质	pǐnzhì	品質	품질	качество	10
平安	píng'ān	無事である	평안하다	безопасный	5
屏幕	píngmù	スクリーン	스크린	экран	2
扑克	pūkè	トランプ	카드놀이	игральный карты	8

Q

其实	qíshí	実は	실제로	в сущности	1
气氛	qìfēn	雰囲気	분위기	атмосфера	1
签证	qiānzhèng	ビザ	비자	виза	9
前面	qiánmian	前	앞	перед	10
枪战	qiāngzhàn	銃撃戦	총격전	ожесточенные бои	7
强壮	qiángzhuàng	強壮(丈夫)である	강건하다	сильный	10
墙	qiáng	壁	벽	стена	6
敲	qiāo	たたく	두드리다	стучать	7
亲眼	qīnyǎn	自分の目で	제 눈으로 직접	своими глазами	8
勤劳	qínláo	勤勉である	근로하다	трудолюбивый	10
情人	qíngrén	恋人	애인	пассия	1
区别	qūbié	区別（する）	구별/구별하다	отличить	4
曲折	qūzhé	変化に富んでいる	구절이 많다	извилистый	7
缺点	quēdiǎn	欠点	결점	недостаток	10

R

染	rǎn	染める	염색하다	окрашивать	4
热乎乎	rèhūhū	温かい	따끈따끈하다	теплый	8
人工	réngōng	人工の	인위적인	искусственный	9
人们	rénmen	人々	사람들	люди	1
人山人海	rén shān rén hǎi	黒山の人だかり	인산인해	гора людей	1
认为	rènwéi	考える；思う	생각하다	считаться	1
认真	rènzhēn	真面目に	착실하다	серьезный	6
荣幸	róngxìng	光栄である	영광스럽다	почетный	2
如	rú	～のごとくである	…와 같다	сравниться	5

软	ruǎn	柔らかい	부드럽다	мягкий	4
弱	ruò	弱い；力がない	허약하다	слабый	5

S

杀	shā	殺す；戦う	죽이다	убить	7
山清水秀	shān qīng shuǐ xiù	山紫水明	산 좋고 물 맑다	живописная природа	8
删除	shānchú	削除する	삭제하다	вычеркнуть	2
善良	shànliáng	善良である	착하다	добрый	10
伤	shāng	傷める	해롭다	вредить	4
商量	shāngliàng	相談する	상의하다	советоваться	10
赏	shǎng	観賞する	완상하다	наблюдать	1
上网	shàng wǎng	ネットする	인터넷에 접속하다	на интернет	2
上映	shàngyìng	上映する	상영하다	демонстрировать	7
稍微	shāowēi	すこし	조금	немного	4
少	shào	少ない	젊다	молодой	7
蛇	shé	蛇	뱀	змея	10
射	shè	射る	쏘다	стрелять	6
申请	shēnqǐng	申し込む	신청하다	подовать заявление	9
伸	shēn	伸ばす	내밀다	лезть	8
身高	shēngāo	身長	신장	рост	8
深刻	shēnkè	深刻である	깊다	глубокий	2
生	shēng	（病気に）かかる	(병이) 나다	заболевать	5
生气	shēngqì	怒る	화내다	сердиться	7
生肖	shēngxiào	十二支によって唱える生まれ年	사람의 띠	принадлежность человека по рождению к году того или иного животного	10
声音	shēngyīn	声	소리	звук	7

省	shěng	節約する	절약하다	экономить	2
师	shī	専門家；技術者	사	мастер	4
时髦	shímáo	モダンである	유행하다	модный	4
实在	shízài	確かに	정말로	честно	2
食品	shípǐn	食品	식품	продукты	1
使用	shǐyòng	使用する	사용하다	использовать	2
手势	shǒushì	手まね	손짓	жест	7
瘦	shòu	痩せている	마르다	худой	8
书法	shūfǎ	書法	서예	каллиграфия	5
书架	shūjià	本棚	책꽂이	этажерка	6
输入	shūrù	入力する	입력하다	вводить	2
属	shǔ	十二支で、生まれた年を言い表す時に用いる	속하다	относиться	10
属相	shǔxiàng	十二支によって唱える生まれ年	띠	зодиак	10
(老) 鼠	(lǎo) shǔ	ねずみ	쥐	мышь	10
刷	shuā	（カードで）消費する	찍다	чистить	6
丝	sī	絹糸	생사	шелк	5
速度	sùdù	スピード	속도	скорость	2
随时	suíshí	いつでも	언제나	в любой момент	9
所	suǒ	家屋・学校・病院などを数える単位	개	строение, здание (слово меры)	9

T

它	tā	それ；あれ	그	оно	3
它们	tāmen	それら；あれら	그것들	они	8
台	tái	機械・設備を数える単位	대	счетное слово	2

太阳	tàiyáng	太陽	태양	солнце	3
态度	tàidù	態度	태도	отношение	4
汤圆	tāngyuán	もち米の粉で作る団子状の食品	새알심 비슷한 모양의 식품	клецки	1
躺	tǎng	横になる	눕다	лечь	8
烫	tàng	パーマをかける	파마하다	завивать	4
烫发水	tàngfàshuǐ	パーマをかける水薬	파마물	шампунь	4
掏	tāo	手を突っ込んで取り出す	꺼내다	вынимать	6
特	tè	特に；特別に	아주	очень	7
特产	tèchǎn	特産物；お土産	특산	особенные продукты	8
特点	tèdiǎn	特色	특징	стиль	3
特价	tèjià	割引値段	특가	уцененный	7
体形	tǐxíng	体型	체형	фигура	10
天帝	tiāndì	天帝	천제	бог	10
天上	tiānshang	天上	천상	на небе	3
填	tián	記入する	기입하다	заполнить	6
通过	tōngguò	～を通じて（通して）	…을 통하여	по	3
同屋	tóngwū	ルームメート	룸메이트	сосед	2
同样	tóngyàng	同じである	같다	одинаковый	3
偷	tōu	掏る	도둑질하다	утащить	6
头	tóu	最初の	제일의	главный	4
头	tóu	～匹	마리	слово счетное	10
头发	tóufa	髪	두발	волосы	4
透	tòu	徹底している；十分である	철저하다	сильно	9
兔(子)	tù (zi)	うさぎ	토끼	заяц	10
团圆	tuányuán	再会する；一緒になる	가족이 흩어졌다가 다시 모이다	встреча после разлуки	1
推荐	tuījiàn	推薦する	추천하다	рекомендовать	9
腿	tuǐ	足	다리	нога	8

W

袜子	wàzi	靴下	양말	носки	10
晚报	wǎnbào	夕刊	석간 신문	вечерняя газета	3
网络	wǎngluò	ネットワーク	네트워크	сеть	2
网站	wǎngzhàn	ウェブサイト	웹 사이트	веб-сайт	2
忘记	wàngjì	忘れる	잊다	забыть	3
喂	wèi	餌をやる	먹이를 주다	алло	8
卫生	wèishēng	衛生	위생	гигиена	4
文件	wénjiàn	文書	서류	документ	9
文字	wénzì	文字	문자	письмо	3
问好	wèn hǎo	よろしいと伝える	안부를 묻다	привет	5
卧铺	wòpù	（列車の）寝台	침대차	плацкартное место	8

X

西瓜	xīguā	スイカ	수박	арбуз	5
细心	xìxīn	注意深い	세심하다	тщательный	6
下载	xiàzài	ダウンロード	다운로드하다	загрузка	2
鲜花	xiānhuā	新鮮な花	생화	цветы	5
闲	xián	手が空いている	한가하다	свободный	2
现金	xiànjīn	現金	현금	наличность	6
线	xiàn	線	선	нитка	8
馅儿	xiànr	餡	(떡•만두 따위에 넣는) 소	фарш	1
香	xiāng	味がよい	맛있다	вкусный	1
向	xiàng	～に向かって	향하다	к	5
小孩儿	xiǎoháir	子供	어린아이	ребенок	2
小偷儿	xiǎotōur	掏り	도둑	вор	6

效果	xiàoguǒ	効果	효과	эффект	4
校园	xiàoyuán	キャンパス	교정	школьный сад	3
欣赏	xīnshǎng	観賞する	감상하다	наблюдать	7
兴奋	xīngfèn	興奮している	흥분하다	радостно	9
星座	xīngzuò	星座	별자리	созвездие	10
幸福	xìngfú	幸せである	행복하다	счастье	10
修改	xiūgǎi	改正する	고치다	исправить	9
学期	xuéqī	学期	학기	семестр	5

Y

演讲	yǎnjiǎng	スピーチする	강연하다	выступать	5
羊	yáng	羊	양	овец	10
咬	yǎo	咬む	물다	схватить	6
爷爷	yéye	おじいさん	할아버지	дедушка	10
也许	yěxǔ	かもしれない	아마	может быть	5
野外	yěwài	野外	야외	окрестность	6
页	yè	ページ	페이지	страница	6
夜晚	yèwǎn	夜	밤	вечер	3
一流	yīliú	一流である	일류	первый	4
一言为定	yī yán wéi dìng	一度約束した以上は反故にはしない	한 마디로 정하다	твердо договориться	5
以为	yǐwéi	思う	생각하다	считать	6
椅(子)	yǐzi	椅子	의자	стул	3
音像	yīnxiàng	ビデオ	녹음과 녹화	видеоматериалы	7
印象	yìnxiàng	印象	인상	впечатление	2
应当	yīngdāng	～はずだ	응당히…해야 한다	должно	2
用功	yònggōng	一生懸命	노력하다	усерно учится	3
优点	yōudiǎn	長所	장점	достоиство	10
尤其	yóuqí	特に	특히	особенно	5

由于	yóuyú	～なので；～によって	…따문에	в результате	8
邮箱	yóuxiāng	ポスト	우편함	электронный ящик	2
游客	yóukè	観光客	관광객	турист	8
游戏	yóuxì	ゲーム	유희/놀다	игра	2
友谊	yǒuyì	友情	우정	дружба	1
有关	yǒuguān	関係がある	관계되다	относиться	3
有些	yǒuxiē	有る一部；すこし	일부분/어떤	немного	8
右边	yòubian	右	오른쪽	право	3
原来	yuánlái	もとは	원래	оказываться	7
圆	yuán	丸い	둥글다	круглый	1
约会	yuēhuì	デートする	약속	свидание	3
月饼	yuèbǐng	げっぺい/	월병	лунная лепешка	1
月亮	yuèliang	月	달	луна	1
越……越……	yuè……yuè……	ますます～だ	…하면 할수록 …하다	тем чем	2

Z

脏	zāng	汚れている	더럽다	грязный	6
长	zhǎng	育つ	생기다	расти	6
着	zháo	動詞の後に用い、結果が現れたことを表す	동사 뒤에 놓여 목적이 달성되었거나 있음을 표시함	образует результативную форму глаголов	5
正确	zhèngquè	正しい	정확하다	провильный	
正宗	zhèngzōng	本場（の味）	정종	подлинный	8
证明	zhèngmíng	証明（する）	증명/증명하다	доказывать	8
只	zhī	動物を数える単位	마리	штука (счетное слово)	6
支票	zhīpiào	小切手	수표	чек	6
知识	zhīshi	知識	지식	знание	9

直	zhí	まっすぐできる	곧다	прямой	8
值班	zhí bān	当番に当たる	당번이 되다	дежурить	10
只要	zhǐyào	～ さえすれば	…하기만 하면	только	5
只有	zhǐyǒu	～して始めて～だ	…해야만	только	8
治	zhì	治す	치료하다	упровлять	5
中介	zhōngjiè	仲介	중개	посредник	9
种类	zhǒnglèi	種類	종류	вид	1
猪	zhū	いのしし	돼지	свинья	10
主演	zhǔyǎn	主演する	주연하다	играть главную роль	7
主要	zhǔyào	主な	주용하다	главный	1
住院	zhù yuàn	入院する	입원하다	в больнице	5
助手	zhùshǒu	アシスタント	조수	помощник	4
装	zhuāng	据え付ける	장치하다	установить	2
追	zhuī	追う	쫓다	гнаться	10
准	zhǔn	確かである	정확하다	точный	5
资金	zījīn	資金	자금	капитал	9
仔细	zǐxì	注意深い	자세하다	тщательный	6
字幕	zìmù	字幕	자막	титр	3
自从	zìcóng	～から	…부터	с тех пор	8
自然	zìrán	自然	자연	природа	8
总是	zǒngshì	いつも	반드시	всегда	1
粽子	zòngzi	ちまき	종자 (단오날 음식 의 한가지)	цзунцзы	1
最后	zuìhòu	最後	마지막	работа	10
作品	zuòpǐn	作品	작품	работа	5
座位	zuòwèi	席	자리	сиденье	7

专名 Proper nouns

A

澳门	Àomén	(地名・特別行政区)マカオ	아오먼	Аомень	1

B

北京大学	Běijīng Dàxué	北京大学	북경 대학	Пекинский университет	5

C

嫦娥	Cháng'é	(月に住むという伝説上の仙女)嫦娥	상아	женьщина в луне	1
陈宁	Chén Níng	(人名)陳寧	진녕	имя и фамилия	9
成都	Chéngdū	(地名・四川の省都)成都	성도	Чэнду	8
成龙	Chéng Lóng	ジャッキー・チェン(人名・香港の俳優)	성룡	Джеки Чан	7
春节	Chūn Jié	(中国の新年)春節	음력설	новый год	1

D

端午节	Duānwǔ Jié	端午節	단오	Праздник Дуаньу	1

E

峨眉山	Éméi Shān	(山名)峨眉山	아미산	Горы Эмэйшань	8

F

法语	Fǎyǔ	フランス語	프랑스어	французский язык	1

G

广州	Guǎngzhōu	(地名・広東の省都)広州	광주	Гуанчжоу	1

H

黄	Huáng	(中国人の姓)黄	황	фамилия	5

J

九寨沟	Jiǔzhài Gōu	(四川省にある自然保護区)九寨溝	구채구	Цзючжайгоу	8
居里夫人	Jūlǐ Fūrén	(人名)マリー・キュリー	퀴리부인	Кюри	5

K

可口可乐	Kěkǒukělè	コカコーラ	코카콜라	кока-кола	5

L

乐山大佛	Lèshān Dàfó	四川省の楽山にある大きい仏陀	낙산대불	Гигантский Будда г. Лэшань	8
李玉	Lǐ Yù	（人名）李玉	이옥	имя и фамилия	5

Q

清明节	Qīngmíng Jié	清明節	청명절	Праздник Цзиньминь	1

R

瑞典	Ruìdiǎn	（国名）スウェーデン	스웨덴	Швеция	4

S

圣诞节	Shèngdàn Jié	クリスマス	크리스마스	день рождения Христа	1
四川	Sìchuān	（省名）四川省	사천	Сычуань	8

T

天津	Tiānjīn	（地名・直轄市）天津	천진	Тяньцзинь	5

X

香港	Xiānggǎng	（地名・特別行政区）香港	홍콩	Сянган	1

Y

元宵节	Yuánxiāo Jié	元宵節	정월 대보름날	Праздник Юаньсяо	1

Z

中秋节	Zhōngqiū Jié	中秋節	추석	праздник Луны	1